Hermann Götting · Die Figur dazu hab ich

Für

Marga und

Richard

Herzlichst

Ihr

Hermann Götting

Köln den 12-12-99

Hermann Götting

Die Figur dazu hab ich

Ein Leben

Herausgegeben von
Uwe Jahn

Edition diá

Für meine Mutter
Hildegard Schneider-Götting

Auf der Plattform des Kölner Messeturms pfiff der Sturm, sieben vollkommen entgeisterte Lichttechniker starrten mich an wie ein Wesen von einem anderen Stern. Um uns herum nur Wind, ein Gerüst und gespannte Netze. Meinem Hund Nicki standen die Haare zu Berge, mein rotes Schweizer-Garde-Kleid blähte sich unter Böen. Nur nicht hinuntersehen. Ich klammerte mich mit meinen Blicken an den Neonschriftzug »4711«, der aus der Nähe betrachtet gewaltige Ausmaße hatte: neuneinhalb Meter lang, fast vier Meter hoch, neuneinhalb Tonnen schwer. Himmel!

»Was wollen Sie denn hier?« blafften die Arbeiter mich an. Argwohn und Feindlichkeit, Einsamkeit und die Kälte der Welt umgaben mich.

Ich stürzte mich in die erste Runde: »Ich betreibe seit fünfzehn Jahren Spurensicherung in Köln und möchte eine der vier Anlagen für die Nachwelt erhalten.« Auf mich richteten sich sieben Augenpaare mit dem »Was für ein armer Irrer-Blick«.

»Ehe Sie sich über mich lustig machen: ich kenne Ihren Chef sehr gut. Alles ist mit ihm abgesprochen. Wenigstens eine dieser Anlagen soll so abgebaut werden, daß sie unbeschädigt unten ankommt!«

Fünfundvierzig Jahre, von 1948 bis 1993, prangte das 4711-Schild am Messeturm. Fuhr ich mit dem Zug in Köln ein, wußte ich: wenn ich die 4711-Reklame sah – abwechselnd die Zahlen in eisblau und gold sowie in rot der vorgelagerte

Schriftzug »Köln« –, konnte ich die Koffer aus dem Gepäcknetz nehmen. Dann überquerte der Zug die Hohenzollernbrücke, vorbei an den Kaiserdenkmälern, und wenn die Domsilhouette zum Greifen nahe schien, begab ich mich auf den Gang.

Mir war das 4711-Emblem seit Jahrzehnten vertraut, etwas, an dem mein Herz hing. Ein Wahrzeichen Kölns geradezu. Wer sagt denn, daß es sich bei Wahrzeichen immer nur um alte Gebäude oder Kirchen handeln muß?

Außerdem offenbart die Zahlenkombination 4711 eine besondere, eng mit der Stadt verbundene Geschichte: Als die napoleonischen Armeen Köln besetzt hielten, numerierten sie die Häuser der Stadt neu. Mit Kreide schrieben sie die Ziffern an die Fronten, das Stammhaus der Familie Muelhens erhielt die Nummer 4711. Der Kavallerist mit der Kreide in der Hand ist deshalb ebenso zum Markenzeichen des Unternehmens geworden wie die Klosterfrau für den berühmten Seelentröster älterer Damen aus demselben Hause.

Gedanken, die die Firma Muelhens offenbar nicht nachempfinden mochte. Sie hielt ihr Logo für nicht mehr zeitgemäß, in ganz Deutschland entfernte sie ihre Werbeanlagen, die seit dem Wiederaufbau das Gesicht der Städte mitgeprägt hatten.

Mich beschlich Wehmut, als ich in der Zeitung las, daß am 28. Juli 1993 auch in Köln das Alte weichen sollte. Gleichzeitig rang ich mit mir. Denn inzwischen stapelten sich über einhundert Leuchtreklamen in meiner Sammlung. Selbst wenn ich ihn retten könnte: wohin nur mit dem riesigen Schriftzug? Außerdem waren der Kampf mit den Bauarbeitern, die mühsamen Verhandlungen mit Polieren, Architekten und Besitzern manchmal über meine Kraft gegangen. Von der schweren körperlichen Arbeit mit Schweißgeräten auf oft genug schwindelnd hohen Gerüsten erst gar nicht zu reden. Dazu ist die Verbindung aus Metallkonturen und helium- und quecksilbergefüllten Glasröhren außerordentlich diffizil, man muß sie behandeln wie ein rohes Ei.

In der Nacht vor der geplanten Demontage lag ich wach: Laß die Finger davon, Hermann. Du kannst das nicht mehr. Andererseits: Du mußt das tun, niemand sonst wird sich darum kümmern.

Am nächsten Morgen, zermürbt und zerschlagen, hatte ich mich entschieden. Ich mache es! Nach einigem Hin und Her bekam ich heraus, daß die Neon-Spezialfirma Ernst Franke den Auftrag übernommen hatte. Firmenchef Veit Franke reagierte freundlich auf mein Anliegen: »Herr Götting, wir finden es ganz großartig, daß Sie sich so engagiert um die alten Dinge kümmern. Ich verspreche Ihnen, Sie bekommen eine der vier Anlagen vom Messeturm. Ich sage unserem Werkstattmeister, Herrn Breuer, Bescheid. Viel Erfolg!«

Aufgeregt bestieg ich die Straßenbahn. Mein Bauch wurde hart wie Stein, jede dieser Rettungsaktionen war ein Unternehmen mit unbestimmtem Ausgang. Immer kam es darauf an, sich mit den Bauleuten zu einigen, die für meine Arbeit oft wenig Verständnis zeigten.

Angekommen, traf ich auf ein Heer von Journalisten. Sie stürmten auf mich ein: »Wie wollen Sie diese Anlage retten? Was fangen Sie überhaupt damit an? Trauen Sie sich das zu? Wer unterstützt Sie bei Ihrer Arbeit?« Ich sah nur den fünfundsiebzig Meter hohen Turm hinauf – mir war übel. »Bitte lassen Sie mich in Ruhe, ich bin nicht zum Vergnügen hier.«

Auf dem Turm in luftiger Höhe blickten die Arbeiter noch immer zweifelnd. Sie feixten, stießen sich an, machten wenig freundliche Bemerkungen über mein Outfit – buntes Gewand, rotlackierte Fingernägel, imposanter Hut. Ich blieb verdammt zum Irren, immer noch. Schrill, außerhalb jeder Norm, lebensuntüchtig.

Bei bisher noch jeder Bergung mußte ich nicht nur um den Erhalt eines Objektes kämpfen, sondern immer auch darum, akzeptiert und ernst genommen zu werden. Schattenseiten eines Paradiesvogeldaseins, die niemand sieht. Ein mühsames Geschäft.

Der Werkstattmeister erlöste mich, erteilte Anweisungen, bat in unmißverständlicher Deutlichkeit um Kooperation. Die unfreundlichen Bemerkungen dauerten an, wurden aber leiser.

Der Auftrag der Arbeiter war die Zerstörung, mein Rettungswerk empfanden sie als eine Disqualifizierung ihrer Tätigkeit. Kein Wunder, daß sie das nicht akzeptieren wollten. Ein Kampf zwischen Gut und Böse – wer ist da schon gern auf der Seite des Bösen?

Drei Tage dauerte die Plackerei. Wie ein beleibter Tarzan schwang ich mich auf das Gerüst und bat um Flexmaschine und Schweißgerät. Gebeutelt vom Wind machte ich mich daran, die einzelnen Zahlen voneinander zu trennen. Der Haken des Kranes baumelte schon über mir. Ich hängte die 1 ein, und als ich sie endlich losgeschweißt hatte, merkte ich, wie sich die Ziffer bewegte. Mit meinem ganzen Gewicht stemmte ich mich dagegen. Inzwischen war Windstärke sieben aufgekommen. Der Sturm drückte mich ins Netz – Tochter der Winde war eigentlich nie meine Rolle. Eine Ziffer nach der anderen mußte eingehängt, abgetrennt und dann von dem schweren Kran hinabgelassen werden. Als besonders heikel erwies sich der vorgesetzte Schriftzug »Köln« – filigrane Röhren, lediglich mit Rohrhaltern justiert. Meine Freundin Dorothé-Denise Salih nahm K, Ö, L und N vorsichtig an und trug sie einzeln die enggewundene Nottreppe hinunter.

Nach nervenzerreißenden Manövern lagen am Ende Glasröhren und Metallkonturen zu Füßen des Messeturmes. Außer Gefahr waren sie damit freilich nicht. Nebenan zog abends der Rheinpark mit seinem Tanzbrunnen Publikum an – ein geworfener Stein, eine Bierflasche hätte unser ganzes Werk zunichte gemacht. Dorothé-Denise und ich wechselten uns ab: Nachts wachte ich mit meinem Hund über die zerbrechlichen Röhren. Zwischendurch nickte ich ein, und am nächsten Morgen ging die Arbeit weiter.

Wie nun die Anlage in mein Lager transportieren? Die Firma Colonia hatte mir unentgeltlich einen Tieflader samt

Fahrer zur Verfügung gestellt. In vier Etappen bugsierten wir das zerlegte Ungetüm durch die Straßen, ich stand bei jedem Manöver Heidenängste aus, und schließlich rollten wir die schweren Ziffern auf Rundhölzern in meinen Lagerraum. Ständig mußten wir auf Listen und Tücken verfallen – reine Nervensache. Als die 4 nicht durchs Tor passen wollte, sägte ich kurzerhand ein Stück der überstehenden Eisenverstrebungen ab. Endlich war alles sicher verstaut, die Anspannung ließ etwas nach. Rabenschwarz, verdreckt bis obenhin, mit der Flex über der Schulter, setzte ich mich mit Dorothé-Denise in die Straßenbahn: »Dorothé, ich könnte weinen vor Glück, daß wir das geschafft haben und du mir so geholfen hast. Jetzt lade ich dich zum Essen ein.«

Im Nana, dem Kölner Nobel-Bistro, sahen die Gäste uns an, als würden wir sie mit unserem heruntergekommenen Outfit persönlich beleidigen wollen. Erschöpft, müde und glücklich feierten wir unseren Erfolg und gingen noch einmal die Turbulenzen der vergangenen Tage durch. Da sprach uns eine Frau vom Nebentisch an: »Mein Vater hat die Anlage, von der Sie sprechen, 1948 hergestellt. Er war todtraurig, als er von der Demontage erfuhr. Ich finde es ganz toll, daß Sie sie gerettet haben. Mein Vater wird glücklich sein.«

Allmählich fielen Dorothé und mir die Augen zu: Muskelkater, Erschöpfung, wehe Glieder. Zu Hause sank ich auf mein Sofa. Das Telefon klingelte, ich ließ es klingeln.

Am nächsten Morgen stand in den Zeitungen: Hermann Götting ergatterte 4711-Anlage. Als hätte ich mir mal eben etwas unter den Nagel gerissen. Von der tagelangen Knochenarbeit kein Wort.

Als ich ein letztes Mal bei der Baustelle am Messeturm vorbeischaute, teilte ich den Arbeitern nur knapp mit: »Meine Herren, die Anlage ist komplett in meinem Lager angekommen. Auf Wiedersehen.« Zur Verabschiedung machten sie voller Respekt einen Diener.

Wenig später flatterte mir ein Brief der Firma Muelhens ins Haus. Natürlich hatten sie über die Presse erfahren, daß eine der Anlagen von mir geborgen worden war. Das ehrenwerte Familienunternehmen betrachtete sein ausgemustertes Firmenlogo noch immer als sein Eigentum. Ich hatte mich bei einer Strafandrohung von zehntausend Mark zu verpflichten, die Anlage nur zu musealen Zwecken zu verwenden und niemals zu verkaufen. Seufzend unterschrieb ich, kommerzielle Interessen lagen mir nun wirklich fern.

Mein schönster Lohn war, daß die 4711-Anlage in der Ausstellung »Das neue Köln« im Sommer 1995 einen Ehrenplatz bekam: Vier Monate zierte sie den Hof der Josef-Haubrich-Kunsthalle am Neumarkt. Na also!

B*ereits im Mutterleib gab ich* zu Tuscheleien und Vermutungen hinter vorgehaltener Hand Anlaß. Denn zur Welt kam ich am 29. August 1939 als ein »Kind der Liebe«. Kinder der Liebe nennt der Volksmund die Sprößlinge lediger Mütter. Ich habe diese Formulierung immer mehr gemocht als das etwas schnöde Wort »unehelich«.

Sie bot die Möglichkeit, die dramatischen Umstände meiner Geburt etwas im Dunkeln zu lassen. Und das hatte auch seinen Grund. »Ein Ausrutscher!« oder »Was für eine Schande!« mögen die Bürger des Städtchens Haiger geraunt haben, als im Sommer 1939 meine nahe Ankunft nicht mehr zu übersehen war. Für meine Mutter gerieten die Gänge durch den Ort in Kurhessen-Nassau zum Spießrutenlauf. Schwanger geworden als Neunzehnjährige, ahnungslos, in einen Schuppen gezerrt von einem Nachbarjungen, konnte sie sich erst nach mehreren Monaten ihre andauernden Leibschmerzen erklären. Als sie das Leben unter ihrem Herzen zu spüren begann, wußte sie, daß sie dieses Kind wollte. Ihre Eltern tobten. Mein Großvater war ehrbarer Handwerker, »Familie Götting – 200 Jahre Schuhmacher, 200 Jahre ortsansässig« prangte in behäbiger Frakturschrift über dem Familienstammbaum im Laden. Dort wurden maßgefertigte Einzelstücke und orthopädisches Schuhwerk verkauft.

Als meine Mutter Hildegard ihm die Schwangerschaft gestand und er erfuhr, daß der Sohn der verhaßten Nachbarfamilie der Vater war, brach seine Welt zusammen. Er war ein gläubiger Christ, aufgewachsen mit den Moralvorstellungen der Kaiserzeit. Und nun sollte der Ruf der Familie, geschaffen durch fleißige Arbeit in zweihundert Jahren zwischen Leimtöpfen, Nähmaschinen und Leisten, zerstört werden? Er war sprachlos und schlug mit dem Kopf gegen die Wand, bis er blutete. Meine Großmutter jagte ihre fehlgetretene Tochter die Treppe hinauf und hinunter, jammerte und schrie. Die alten Leute müssen ehrlich verzweifelt gewesen sein, doch meine Mutter weigerte sich, zur Engelmacherin zu gehen.

Geboren wurde ich in Neukirchen, Kreis Moers, in einem Heim für ledige Mütter. Das entsprach dem Willen der Oma. Das Kind sollte von dort der Heimerziehung anvertraut werden, so als hätte es den »Fehltritt« meiner Mutter nie gegeben. Erst nachdem die Nachbarn meiner Großmama zugesetzt hatten – »Marta, nun fahrt doch wenigstens hin, ungeschehen machen könnt ihr es nicht mehr, und in Haiger weiß es doch auch schon jeder« –, ließ sie sich erweichen. Dann kam alles anders. Sie traten ins sterile Krankenhauszimmer, der krähende Säugling streckte ihnen seine Hände entgegen, und Großmutter entschied: »Den nehmen wir mit.«

So wuchs ich im Haus meiner Großeltern auf, nannte meine Oma fortan »Mutter« und meinen Opa »Vater«. Sie hatten mich adoptiert, meine Mutter degradierten sie zu einer Art Tante, daran änderte auch nichts, daß ich sie »Mutti« nennen durfte. Sie hatte für mich gekämpft, monatelang entsetzliche Ängste ausgestanden, und doch wurde ich ihr genommen. Auf Mitleid und Verständnis konnte sie, die gefallene Tochter, nicht hoffen.

Meine Mutter entsprach dem großdeutschen Frauenbild vom drallen, fügsamen Blondchen in keiner Weise und wirkte in den Augen der Haigerer vor der heimatfilmverdächtigen Kulisse der Kleinstadt wie ein verirrter Pfau. Vorzugsweise trug sie Schuhe mit hohen Absätzen, ein enges schwarzes Kostüm und vor allem auffällige Hüte. Mit einem Kopftuch sah ich sie nie. Als während des Krieges Geld und Essen knapper wurden, begann sie in Caféhäusern zum

Tanztee zu spielen, und singen konnte sie auch: »Heimat, deine Sterne«, »Ich steh im Regen«, »Unter der Laterne«. Einen Beruf hatte sie nie erlernt, das hielt man damals bei einem Mädchen aus gutem Hause für unnötig. Manchmal entlockte sie dem schwarzen Flügel im Café Grewe auch Klassisches, den Bolero von Ravel oder die Nußknackersuite von Tschaikowsky, wie es gerade paßte. Mich nahm sie mit: Herausgeputzt im weißen Matrosenanzug, glitt ich auf den schwarzen Caféhausstühlen hin und her, bewunderte meine elegante Mutter, die weißen Häubchen der Kellnerinnen und die verschnörkelte Einrichtung der Gründerzeit.

Meine Großeltern hatten nichts dagegen. Großmutter rackerte im Garten, wir besaßen Ackerfläche und Vieh, man mußte sehen, wie man über die Runden kam. Großvater hatte im Geschäft zu tun, beaufsichtigte die Lehrlinge und arbeitete selbst mit. So vertrauten sie mich für ein paar Stunden meiner Mutter an. Während sich die Paare auf der Tanzfläche zu UFA-Schlagern drehten, rutschte ich auf dem blanken Hosenboden zwischen den Erwachsenen herum und bettelte um Cola. Die ich auch prompt bekam und nach der ich fast süchtig wurde.

Das Fachwerkhaus meiner Großeltern stammte noch aus dem späten Mittelalter. In den geheimnisvollen Ecken und Winkeln, auf dem Speicher und in den dunklen Kellergewölben gab es für einen kleinen Jungen viel zu entdecken. Ich wühlte in kindlicher Selbstvergessenheit zwischen den längst ausrangierten Schränken und Kommoden, entdeckte eingemottete Kleider, kostümierte mich und spielte selig in meiner Phantasiewelt.

Das Göttingsche Haus war der Anziehungspunkt für die verzweigte Familie. Wir feierten Feste oder luden zur Hausmusik, meine Mutter am Klavier, mein Großvater am Harmonium, Tante Carola spielte Akkordeon, und ich sang aus vollem Halse. Großvater erzählte mir Geschichten aus der Bibel, nahm mich mit in die Gottesdienste und unterwies mich in Gottes Wort. Als Christ, für den die Religion auch außerhalb des sonntäglichen Gottesdienstes das Maß aller Dinge war, finanzierte er mehreren jungen Leuten aus ärmeren Familien die Ausbildung. Das war sein Begriff von praktischer Nächstenliebe. Oft saßen wir gemeinsam in unserem Garten, er betete und sang mit mir, wenn die Dämmerung fiel und er seine Arbeit in der Werkstatt verrichtet hatte. Nach dem Gebet legte er mir die Hand auf den Kopf, als wollte er mich segnen. Gerüche nach frischen Tomaten und Heu, die Ruhe in der Natur an einem lauen Sommerabend, der Gesang der Nachtigall und neben mir Großvater: dieses Bild hat sich mir unverlierbar eingeprägt.

Er besaß ein tiefes Gerechtigkeitsgefühl. Verwöhnt, wie ich war, ließ ich unsere Lehrjungen mitunter spüren, daß sie von unserer Familie abhängig waren, verhielt mich hochnäsig und frech und versuchte, sie für mich einzuspannen. Wenn Großvater bemerkte, daß seine Ermahnungen nicht fruchteten, griff er zum Teppichklopfer, seine Vorstellungen von protestantischer Bescheidenheit waren streng. Großmutter und er gingen kühl miteinander um, geliebt haben werden sie sich nicht. Sie war oft abweisend zu ihm, dennoch hatten sich die beiden in den festgefügten Abläufen des Geschäftshaushaltes und in den Moralvorstellungen der Kleinstadt eingerichtet.

Wenn es zum Streit kam, achteten sie darauf, daß ich nicht Zeuge wurde. Sie gingen ins Wohnzimmer, schlossen sich ein und fochten miteinander aus, was auszufechten war. So ersparten sie mir als Kind die Verzweiflung, die man spürt, wenn die Eltern sich anschreien. Schimpfworte und Flüche lernte ich erst bei den anderen Kindern auf der Straße kennen. Sie waren altmodisch, meine Großeltern, natürlich.

In unserer Küche roch es am Wochenende nach Bohnerwachs, frisch gebackenem Kuchen und Kaffee: eine aufgeräumte Welt, in der ich mich geborgen fühlte. Morgens sah ich Großmutter zu, wie sie vor der Frisiertoilette saß. Ihr volles graues Haar reichte ihr bis zu den Knien. Jeden Morgen flocht sie vor dem ovalen Spiegel wie die Loreley, verträumt und versonnen, ihre dicken grauen Zöpfe. Sie, die unsinnliche, strenge und alterslose Hüterin des Hauses, verwandelte sich minutenlang wieder in ein junges Mädchen. Dann drehte sie ihre Haarpracht auf zu einer damals in unserer Gegend sehr verbreiteten Frisur: der Halleluja-Zwiebel, wie sie vor allem von freikirchlichen Frauen getragen wurde.

Ich tollte zwischen Wohnstube, Garten, Werkstatt und Laden herum, sah zu, wie die Erwachsenen ihren Geschäften nachgingen, tratschten, den Krieg und das Wetter verfluchten.

Abends versammelten wir uns um das Radio. Wenn es für mich Zeit wurde, zu Bett zu gehen, machte ich mich in der Sofaecke ganz klein, hörte den Gesprächen zu und hoffte, sie würden mich vergessen. Denn ich fürchtete mich nachts allein in meinem Zimmer. Und wenn die Alten sich dann leise unterhielten über den Krieg, die Lebensmittelknappheit und wer aus dem Ort schon gefallen war, bekam ich eine Ahnung davon, wie gefährlich die Dinge waren, die um mich herum passierten.

Haiger hatte als Eisenbahnknotenpunkt schwer unter den Bombenangriffen zu leiden. Manches Mal wurde ich mitten in der Nacht aus dem Bett gerissen. Wenn die Sirenen heulten, kam Leben ins Haus, wurde es spannend, das wußte ich. Dann nahm mein Großvater mich unter den Arm, trug mich in unser Kellergewölbe und legte mich in mein Notbett auf der großen Holzkiste, in der die Hochzeitsgeschenke meiner Tante Carola lagerten. Während der Angriffe wakkelte das ganze Haus, und mir fiel der Kalk von der Kellerdecke aufs Gesicht. Mir gegenüber thronte in einem Lehnstuhl mein Großvater. Um seinen kahlen Schädel zu schützen, hatte er einen riesigen Kaffeewärmer auf dem Kopf. An der Decke über ihm hing eine kleine Emaillelampe. Mit jedem Bombeneinschlag in der Nähe begann die Funzel über seinem Kaffeewärmer-Kopf zu kreisen.

Weil längst nicht alle Häuser einen so massiven Keller hatten wie unseres, drängten auch die Nachbarn in unseren

Luftschutzraum, zum Beispiel der alte Nachtwächter Opitz. Er schlurfte damals noch durch die Stadt und sang mit seiner tiefen Stimme bei jeder vollen Stunde: »Hört Ihr Leut' und laßt Euch sagen…«

Verdunkelung war Pflicht, wehe, man hielt sich nicht daran. Einer Nachbarin war, ohne daß sie es bemerkt hatte, das Sprungrollo in die Höhe geschnellt. Die Tiefflieger nahmen Haiger ins Visier, und das Nachbarhaus wurde getroffen. Keller und Untergeschoß brannten, in langen Ketten standen die Haigerer und reichten gehetzt und schweigend die Wassereimer durch, so wie man es aus Wildwestfilmen kennt. Dort, wo meine Mutter wohnte, fehlte die ganze Wand, man konnte in die Räume sehen wie in ein Puppenhaus. Kurz vor diesem Angriff war der alte Opitz gestorben. Aufgebahrt in seinem Sterbezimmer, im Sonntagsanzug mit gefalteten Händen, lag er nach dem Treffer immer noch so da, nur drei Stockwerke tiefer, im Keller.

Zehn Menschen kamen bei diesem Angriff ums Leben, auch Sennens Hildchen, eine meiner Spielkameradinnen. Ich konnte es nicht fassen. Plötzlich war meine Freundin verschwunden, für immer.

Nach den ersten Angriffen waren alle Fenster in unserem Haus geborsten. Großvater und die Lehrjungen nagelten die Fensterhöhlen mit Brettern zu. Das Brennmaterial wurde knapp, und oft saßen wir in den strengen Kriegswintern im Kalten. Bis heute macht mir Kälte wenig aus. Viele Menschen, die mich besuchen, frieren zwar, aber ich hab's gern so kalt.

Als die Alliierten begannen, auch tagsüber Angriffe zu fliegen, beschlossen meine Großeltern, bei Alarm das Haus zu verlassen. Wir zogen los, mit dem Leiterwagen, mit Dekken und Kopfkissen, mein Großvater trug die Kassette, in der alle wichtigen Unterlagen verschlossen waren, und hütete sie wie seinen Augapfel. Am Waldrand postierte sich Tante Carola und suchte mit dem Fernglas den Himmel nach Flugzeugen ab. Wenn sie schrie: »Sie kommen, sie kommen wieder!«, dann sprangen wir alle in den ausgehobenen Graben und zogen Reisigbündel über unsere Köpfe, so lange, bis es vorbei war. Wenn die Bäuche der Flugzeuge sich über Haiger entleert hatten, trappelte meine Tante in Richtung Stadt, um nachzuschauen, ob unser Haus noch stand.

Großvater war immer in heller Angst, wenn die Tiefflieger heulten, sprang einmal in einen Graben, aus dem er anschließend nicht mehr herauskam. Da lag er zwischen den Brennesseln und schimpfte wie ein Rohrspatz. Großmutter war viel unerschrockener. Sie drohte den Tieffliegern mit der Faust und beschimpfte sie: »Verdammte Tommies, macht, daß ihr wegkommt!«

Als die Amerikaner im Frühjahr 1945 mit ihren Jeeps, Militärlastern, Panzern und Panzerspähwagen die Haigerer Hauptstraße runterfuhren, saß die ganze Familie bei uns am Fenster und sah gebannt dem Einmarsch zu. Es war eine bedrückende Stimmung. Wie würde es weitergehen? Zwar waren alle erleichtert, daß der Krieg ausgestanden war, aber »befreit« fühlte sich in diesem Moment wohl niemand.

Bei Tante Carola fanden die GIs eine Truhe mit Schmuck – die wollten sie mitnehmen. Die anderen Erwachsenen im Haus fühlten sich ganz als Besiegte und wagten nicht zu widersprechen. Für Tante Carola allerdings hörte der Respekt vor den Besatzern beim Schmuck auf. Sie wurde laut und gab ihrer Empörung in fließendem Englisch Ausdruck. Nun machte sich ihr Status als höhere Tochter bezahlt, denn mein Großvater hatte seinen Töchtern wahlweise Englisch- oder Klavierstunden finanziert. Carola hatte klug gewählt – Klavier spielen hätte in dieser Situation wohl kaum genützt. Die Tante verteidigte gellend ihren Schmuck; schließlich wurde ein höherer Offizier herbeigerufen. Sie durfte ihr Geschmeide behalten.

Die deutsche Wehrmacht hatte auf ihrem Weg zum »Endsieg« einen Panzer in der Straße hinter unserem Haus zurückgelassen. Die Gemeinden hatten damals andere Sorgen, als Spielplätze einzurichten, und so tollten wir Kinder auf dem Panzer herum, drehten an den Apparaturen. Die

Erwachsenen duldeten das, doch eines Tages entfuhr dem stählernen Ungetüm, begleitet von ohrenbetäubendem Krachen, ein Geschoß. Ein Kind aus der Nachbarschaft starb, mehrere andere wurden verletzt. Noch immer forderte der Krieg seine Opfer.

In diesen Jahren war das Essen knapp, und auch wenn wir nicht hungerten, so mußten wir uns doch allerhand einfallen lassen. Sommers pflückten wir an Wegrändern und auf Wiesen Brennesseln. Der Spinat, den meine Großmutter daraus zu kochen verstand, schmeckte mir um vieles besser als der echte. Im Herbst brach die ganze Familie samt Lehrjungen mit dem Leiterwagen und ein paar Decken in den Wald auf. Die Stifte kletterten auf die hohen Buchen und rüttelten die Zweige, auf die ausgebreiteten Decken fielen die Bucheckern. Hatten wir vier, fünf Säcke zusammen, fuhren wir unsere Ernte zur Ölmühle nach Haiger. Fett war damals Mangelware, und auf diese Weise hatte Großmutter zumindest ausreichend Bucheckernöl zum Braten und Backen.

Die männlichen Angehörigen meiner Familie, also Großvater und der Ehemann von Tante Carola, überstanden die Entnazifizierungswelle ohne Probleme. Großvater war während der NS-Zeit mehrmals in Schwierigkeiten geraten, weil er »Feindsender« abgehört hatte. Der Inhaber einer anderen großen Schuhwerkstatt in Haiger war strammer Nazi, mehrfach hatte er versucht, Großvater anzuschwärzen. Mit der Partei hatte außer Tante Carola niemand zu tun: nur sie schwang als BDM-Mädel die Keulen und rannte mit Halsknoten und Hakenkreuz am Arm herum. Meine Mutter mußte zum Reichsarbeitsdienst, aber als »Arbeitsmaid« in der Ofenfabrik in Sinn hatte sie sich nicht gerade mit Ruhm bekleckert. Sie war seit jeher alles andere als ein Herdentier.

Auch in der unmittelbaren Nachkriegszeit behielt sie ihren extravaganten Geschmack bei. Unsere Familie hatte einen besonderen Draht zur Verteilerstelle für die Carepakete, meine Mutter suchte sich die jecken, auffallenden Sachen heraus – auch für ihren Sohn. Wir beide liefen herum wie schrille Hühner. Sie trug nach wie vor die höchsten Absätze, die man sich vorstellen kann. Ich hörte nur einen kurzen Schrei und wußte: jetzt hängt sie wieder im Kopfsteinpflaster fest. Riemchenschuhe, schwarze Kostüme und große Hüte – so stolzierte meine Mutter durch die verschlafene Kleinstadt. Kein Wunder, daß sie auch für ihren Sohn Sachen aussuchte, die man gar nicht kannte. Schon als Sechsjähriger trug ich Jeans. Später nie mehr. Mit meinen absonderlichen Hemden, Hosen und Jacken fiel ich natürlich auf.

Wohl keine der Haigerer Bürgerfrauen lief in der Dämmerung an die Badestelle, um unbekleidet in die Fluten zu steigen. Meine Mutter aber liebte das. Eines Abends kehrte sie nicht nach Hause zurück. Erst um Mitternacht, als die Kleinstadt schon in tiefem Schlummer lag, schlich sie zitternd, blaugefroren und splitternackt ins Haus. Böse Buben hatten ihre Sachen versteckt.

Schon als junges Mädchen hatte sie sich um Konventionen nicht geschert. Zu einer Zeit, da im großdeutschen Rundfunk wahlweise süßliche Melodien oder stramme Marschmusik den Ton angaben, kroch sie des Nachts aus dem Bett, drehte in der Küche solange am Radio, bis sie fremde Rhythmen fand, und übte sich zwischen Spüle und Küchentisch im Ausdruckstanz.

Später dann, in der schlechten Zeit nach dem Krieg, tuschte sie ihre Wimpern mit schwarzer Schuhcreme; da es keine Seidenstrümpfe gab, färbte sie mit einer braunen Paste ihre Beine dunkel und zeichnete sich mit einem abgebrannten Streichholz eine Naht. Das sah wunderbar aus – solange es nicht regnete. Wenn die ersten Tropfen fielen, schrie sie: »Um Gottes Willen, wir müssen schnell nach Hause, mir läuft die ganze Brühe an den Beinen runter.«

Meine Mutter war das schwarze Schaf in der Familie. Für ihre hohen Schuhe und ihre kurzen Röcke brachte in der biederen Handwerkersippe niemand so recht Verständnis auf. Der Fehltritt, aus dem ich hervorgegangen war, verschlimmerte alles noch.

Meine Großmutter haßte ihre Tochter Hildegard, mich hingegen überschüttete sie mit Zuneigung. Überall nahm sie mich mit, zog mich im Handwagen die Berge hinauf und verwöhnte mich. Jeden Wunsch las sie mir von den Augen ab, und als die Zeiten wieder etwas besser wurden, ließ sie für mich Kleidungsstücke maßanfertigen. Heute denke ich, daß sie dies alles aus einem tiefen Schuldgefühl heraus tat, schließlich hatte sie nicht gewollt, daß ich geboren wurde.

Die anderen Jungen interessierten sich für Fußball, spielten Räuber und Gendarm. Mir war das alles viel zu rauh und grob. In der Sportstunde stellte ich mich, teils, weil ich es nicht besser konnte, teils aber auch aus Absicht, so dämlich an, daß ich nach einer Weile nicht mehr mitzumachen brauchte. Statt dessen nahm ich an der Handarbeitsstunde der Mädchen teil. Für die Lehrerin war ich eine Attraktion. Ich empfand es als ganz natürlich, und meine Mutter förderte mich und meine Eigenheiten, statt mich unter Druck zu setzen.

»Du hast ja gar keinen Vater, du bist ja unehelich geboren!« rief die Schulkameradin bei einem harmlosen Kinderstreit in der Pause. Da war es heraus. Weinend und vollkommen verzweifelt lief ich nach Hause. Alle saßen um mich herum und redeten auf mich ein. Plötzlich erfuhr ich, daß der Mann aus der Nachbarschaft, den ich nie leiden konnte, mein Vater sein sollte, und die Jungen, mit denen ich mitunter spielte, meine Halbbrüder waren. Ich verstand die Welt nicht mehr und wollte auch nichts mit ihr zu tun haben. Tagelang schloß ich mich in meinem Zimmer ein. Unehelich – das war damals, zumal in einer vermeintlich wohlgeordneten Kleinstadt, ein schwerer Makel, das spürte ich. Meine Großmutter stellte mir das Essen vor die Tür und versuchte mich zu trösten: »Hermann, wir haben dich doch gerne, du weißt doch, daß wir alles für dich tun, nimm dir das nicht so zu Herzen.« Aber das half mir nicht: Jahrelang war ich wie ein Dummkopf durch die Gegend gerannt, niemand hatte es mir erzählt, und alle wußten es. Ich fühlte mich hintergangen.

Mit meinen Kindersorgen flüchtete ich mich zu meinen Puppen und Plüschtieren. Unserem kleinen Hund Golli vertraute ich mich an. Jede Nacht schlief ich mit ihm in den Armen ein, bei ihm konnte ich mich ausweinen. Allein ging ich von der Schule nach Hause, saß lange am Bach bei der alten Mühle und beobachtete die Vögel und Fische. Im Schatten der Stadtmauer malte ich mir aus, wie Ritter die kleine Stadt vor Räuberbanden beschützten.

In der Schule war es allemal ärger: Wenn der Lehrer mich an die Tafel holte und ich die Antworten auf seine bohrenden Fragen nicht wußte, fürchtete ich das Gelächter der anderen. Sowie der Lehrer sich umgedreht hatte, war ich – zack – weg und lief schnurstracks nach Hause. Mein kleines Zimmer wurde mein Rückzugsort, ich beschäftigte mich mit den Sachen, die ich schon damals zu sammeln begonnen hatte. Immer wieder dekorierte ich mein kleines Reich neu und stellte die Möbel um. Nach einer Weile genügte mir das nicht mehr, und ich verrückte im ganzen Haus das Mobiliar, da war natürlich mächtig was los.

Nachts preßte ich mein Ohr ans Radio und hörte ganz leise AFN – Ella Fitzgerald, Louis Armstrong, Nat King Cole, heimlich natürlich. Tagsüber spielte ich die paar amerikanischen Platten, die ich hatte, ganz laut. Sehr zum Ärger meiner Großeltern. Alles, was ich tat, war irgendwie verschroben und abseitig – welches Kind interessierte sich damals für amerikanische Jazzmusik?

Der Volksmund verbreitet noch heute gerne, daß die Schaufenster wie durch Zauber an dem Tag, als die neue Währung in den westlichen Besatzungszonen eingeführt wurde, plötzlich wieder voll waren. Die Legende erzählt nur die halbe Wahrheit: Die Geschäftsleute waren verpflichtet, alles, was sie für die alte Reichsmark gekauft und noch am Lager hatten, auch für Reichsmark zu veräußern. So lautete die Theorie. Da aber alle wußten, daß das neue Geld bereits gedruckt wurde, hielten sie ihre Waren zurück, stellten sie kurzerhand bei Bauern der Umgebung, in Scheunen oder bei Verwandten unter. So waren sie bereits Wochen vor der Währungsreform ausverkauft; als das neue Geld verteilt wurde, karrten sie alles zurück und füllten ihr Lager auf. Mein Großvater mit seinem christlich rechtschaffenen Ehrbegriff verkaufte die ganze Zeit regulär weiter, obwohl die Frauen der Familie ihn dazu drängten, es den anderen Händlern gleichzutun. Am Tag, als die D-Mark kam, war sein Lager leer. Die Geschäftsmänner um ihn herum präsentierten der staunenden Kundschaft in geschmückten Schaufenstern so ziemlich alles, was zuvor kaum zu kriegen gewesen war, scheffelten die neuen Scheine und Münzen in ihre Kassen. Nur mein Großvater guckte in die Röhre. Kaum mehr zur Verfügung als die vierzig Mark »Kopfgeld«, konnte er sich nur wenig Rohmaterialien kaufen, die Zeiten blieben für die Schuhmacherei Götting mager, es ging bergab. Von diesem Wettbewerbsnachteil erholte sich der Betrieb nie mehr. Manches Mal hörte ich, wie er laut betete und vor Verzweiflung weinte. Mitte der sechziger Jahre schließlich schloß er den Laden aus Altersgründen. Daß er mit seinem Anstand die Existenz des ehrbaren, zweihundert Jahre alten Handwerksbetriebes aufs Spiel gesetzt hatte, verwand er nie.

Zu Beginn der fünfziger Jahre begann ich systematisch, alte Sachen zusammenzutragen. Angetan mit fortwährend kneifenden Leibchen, unterhemdartigen Gebilden, die in Bauchnabelhöhe durch zwei Gummibänder mit den kratzigen Kriegswollstrümpfen befestigt waren, zog ich mit dem Handwagen los und rettete Sperrmüll. Allein, das Wort gab es damals noch nicht.

Die anderen Kinder lachten, wenn ich mit Plüschsesseln auf dem Wagen um die Ecke kurvte, meine Großeltern schämten sich: Eine solide Handwerkerfamilie – und der Sprößling zieht mit dem Handwagen durch die Stadt und sammelt auf, was andere Leute weggeworfen haben! Bald schon hatte ich die Waschküche vollgestellt, auch Keller und Speicher quollen über vor Weckern, alten Sesseln, Lampen, Lampenschirmen, Grammophonen, Kaffeemühlen und was die Bombentrichter im Umkreis von zehn Kilometern sonst noch hergaben.

Selbst am Wochenende brach ich frühzeitig zu meinen Expeditionen auf, obwohl ich schon damals gerne lange schlief. Da war ein Kribbeln im Bauch und eine Unruhe, wie eine Sucht trieb es mich hinaus.

Manchmal wurde es meinen Großeltern zuviel. Dann schafften sie den ganzen Krempel in einer Nacht- und Nebelaktion aus dem Haus. Ich machte Theater, schloß mich in meinem Zimmer ein und weigerte mich, zur Schule zu gehen.

Mein Zimmer lag unter dem Dach. Immerfort baute und dekorierte ich es um, die Ideen flogen mir nur so zu. Die Polstersitze stammten aus einem alten Auto, die Bezüge nähte ich aus Gardinen, die ich auf dem Speicher gefunden hatte. Von meinem großen Bett entfernte ich das Gestell rund um die Kastenmatratze und machte auf diese Weise eine schlichte klassische Liege daraus. Daß sie lediglich auf ein paar Ziegelsteinen ruhte, sah man nicht. Als ich fünfzehn war, stellte ich ein Rauchtischchen in meine Wohnhöhle, zündete mir eine Zigarette an und fühlte mich ganz verwegen. Nur wenn sich Besuch ankündigte, mußte ich mein Zimmer räumen. Meine Großeltern verlangten, daß ich das Bettgestell wieder aufbaute, und ich mußte, wie früher, bei ihnen im Schlafzimmer Quartier nehmen. Eines Nachts gab es ein lautes Gepolter, das nur flüchtig zusammengefummelte Gestell war krachend in die Brüche gegangen. Unter dem Bett befand sich ein reichlich gefüllter Nachttopf, Tante Frieda und Onkel Fritz samt Matratze landeten auf ihrer Notdurft. Am nächsten Morgen erst entdeckten wir den Fleck an der Schlafzimmerdecke. Großvater griff zum Teppichklopfer.

Meine erste zarte Jugendliebe hieß Werner, war groß und schlank und hatte schwarze Haare. Mit seinem leichten Silberblick und seiner sehr ruhigen Art zu sprechen weckte er zärtliche Gefühle in mir. Die ich mir freilich weitgehend verbot. Manchmal saßen wir lange eng umschlungen zusammen, doch geküßt haben wir uns nie. Ich hatte viel zuviel

Angst, daß irgend etwas ans Licht der Öffentlichkeit kommen könnte. Mein Mißtrauen war geschärft nach den Erfahrungen mit meinem unehelichen Status und dem Geschwätz der Leute darüber. Doch trotz dieser unterschwelligen Angst erlebte ich in der Nähe, in den Armen dieses Jungen ein neues Glücksgefühl. Ich war selig, einen Menschen gefunden zu haben, bei dem ich mich geborgen fühlte.

Doch wie leicht fühlt man sich betrogen! Als ich bemerkte, daß Werner sich einem anderen Jungen aus der Schule zuwandte, war ich am Boden zerstört, fühlte mich verraten und ging ihm aus dem Weg. Obwohl ich gar nicht wußte, was für eine Freundschaft die beiden verband.

Ich verlor mich in Tagträumen: Meine Künstlergarderobe quillt über von Blumenbouquets; als der Vorhang sich hebt, setzt das Orchester ein und – donnernder Auftrittsapplaus. Nach der fünften Zugabe umringen mich Filmregisseure, Journalisten und Autogrammjäger.

So stellte ich mir die Zukunft vor: Hermann Götting – der umjubelte Star, auf den Bühnen dieser Welt zu Hause, von seinem Publikum geliebt, verehrt und auf Händen getragen. Erzählen konnte ich von diesen Wünschen niemandem. Das wäre in der bodenständigen Schuhmacherfamilie undenkbar gewesen, man hätte mich ausgelacht. Und tatsächlich waren das ja höchst unrealistische Vorstellungen. Wie sollte es weitergehen? Für den zweiten Traumberuf meiner Kinderzeit – Straßenbahnschaffner – war ich noch viel zu jung. Eine höhere Schulbildung nach Abschluß der achten Klasse kam nicht in Frage. Der Wohlstand der Familie war lange dahin, und ich wollte so schnell wie möglich selbst Geld verdienen, um Großvater nicht auf der Tasche zu liegen. Schließlich rief eine Kundin bei uns an und fragte, ob ich nicht in der Shell-Tankstelle von Haiger arbeiten wolle.

Es war eine richtige Fünfziger-Jahre-Tankstelle, etwas heruntergekommen, als ich dort anfing. Sofort machte ich mich an die Arbeit, polierte stundenlang die Scheiben der Zapfsäulen auf Hochglanz und wienerte die Chromleisten.

Den Bordstein der Tankinsel strich ich mit weißer Farbe immer wieder nach, ich wollte es schön haben. Ich dekorierte das Kassenhäuschen um, besorgte einen Plüschsessel und schleppte Grünpflanzen an, natürlich auch die damals unvermeidlichen Gummibäume. Den alten Schreibtisch wuchtete ich schräg in den Raum und ließ den ganzen Tag ein Kofferradio spielen. Plötzlich hatte die Tankstelle Pfiff. Sie wurde zu einer Art Jugendtreffpunkt: Schlager, Coca-Cola, ein bißchen Knutscherei, in der hintersten Ecke nestelte vielleicht mal ein Pärchen aneinander herum. Wir feierten harmlos, aber was das Zeug hielt.

Bei den pubertären Spielchen der anderen sah ich eher verschämt zur Seite. Bei mir war etwas anders, aber wo ich nun genau hingehörte, wußte ich nicht. Ich war puritanisch erzogen, bei uns zu Hause wurde niemals über Sexualität geredet. Wenn die anderen schmutzige Witze rissen, fühlte ich mich in meinem Schamgefühl verletzt.

Ich nahm meine Arbeit ernst und auch wieder nicht. Ernst nahm ich die Einrichtung, das Atmosphärische; ich putzte die Tankstelle so heraus, daß sie einer perfekten Fünfziger-Jahre-Filmkulisse glich. Peter Kraus und Ted Herold hätten großartig darin ausgesehen.

Weniger ernst nahm ich den eigentlichen Job: Da kam es schon mal vor, daß ich beim Betanken eines Zweitakters vergaß, Öl beizumischen, wonach das Gefährt noch ein paar hundert Meter weitertuckerte, bis es mit einem Kolbenfresser liegenblieb.

Ich blieb fast zwei Jahre Tankwart. Doch eines Tages ließ meine große Begonie, die ich liebevoll gehegt und gepflegt hatte, die Blätter hängen. Der Chef hatte sie mit Benzin begossen. Schockiert nahm ich meinen Abschied.

Im Anschluß an diese Episode sah ich mich in Siegen nach einem neuen Job um. Es war kurz vor der Bundestagswahl 1957 – der Alte aus Rhöndorf mahnte väterlich von den Plakaten seine Deutschen: »Keine Experimente«. Ich landete schließlich im Eisenwerk »Eintracht«. Jeden Morgen vierundzwanzig Kilometer hin und abends wieder zurück.

Die finstere Halle des Eisenwerkes hatte etwas geheimnisvoll Mystisches, verströmte das Fluidum einer vergangenen Epoche. Eine zentrale Welle an der hohen Decke der Fabrikhalle trieb die Maschinen an, die schon siebzig Jahre lang keuchten und schnauften. Es war eine sogenannte Transmissionsriemenwerkstatt aus der Gründerzeitepoche, eine riesenhafte Exzenterpresse formte unter großem Druck Eisenplatten zu Wannen. Zwei Weltkriege hatte sie schon überstanden. Mich überstand sie nicht.

Wieder begann ich meinen Arbeitsplatz, diesmal an dem Ungetüm von Eisenpresse, zu wienern, richtete mich ein und brachte Topfpflanzen mit. Man stelle sich vor: Topfpflanzen im Eisenwerk! Die angejahrte Maschinendame war inzwischen anfällig. Auf keinen Fall sollte ich zwei Platten hineingeben, hielt mich der Meister an. Weil ich aber Spaß daran hatte, besonders viel zu schaffen, und auf längere Pausen spekulierte, tat ich es trotzdem. Der Meister wunderte sich schon über mein beachtliches Pensum, als es plötzlich einen lauten Knall gab, der Transmissionsriemen absprang und buchstäblich alle Räder stillstanden. Große Aufregung. Das Corpus delicti, die zweite Eisenplatte, steckte noch im Bauch des stählernen Monstrums. Da half gar nichts, ich stand als Schuldiger fest. Weil für die Exzenterpresse keine Ersatzteile mehr zu beschaffen waren, sollte ich für den Schaden aufkommen. Das ließ sich gerade noch abwenden. Meine Arbeitsstelle war ich freilich los.

* * *

Die Orgel begann zu spielen, alten Damen wurde warm ums Herz, die Weihnachtsbäume strahlten hehr, die Bürger saßen herausgeputzt und feingemacht auf den Bänken – alles versank in Heiligkeit: Weihnachten 1957 in Haiger. Es war bergauf gegangen in Deutschland, das Wirtschaftswunder hatte Blüten getrieben. Man war wieder wer, konnte sich etwas leisten und zeigte seinen Wohlstand. Meine Mutter war ganz versessen darauf, ihren prächtigen Fuchs den Haigerer Bürgern vorzuführen. Eine bessere Gelegenheit als den Heiligabend-Gottesdienst konnte sie sich nicht wünschen. Wie immer waren wir etwas knapp dran, weil das Zurechtmachen solange gedauert hatte. Zweimal irrten wir quer durch das vollbesetzte Kirchenschiff, bis wir endlich einen Platz fanden – die Leute tuschelten schon. Nur uns war regelrecht albern zumute, wir waren bester Laune und so gar nicht in sentimentaler »Stille Nacht, heilige Nacht«-Stimmung. Plötzlich fixierte meine Mutter ihren Fuchs, riß die Augen weit auf und sagte in die Stille hinein: »Ich kann mir nicht helfen, der Fuchs schielt!« Hinter uns zischelten die Weihnachtschristen, und wir verließen, von Lachkrämpfen geschüttelt, unter den mißbilligenden Blicken der Heiligabendgemeinde die Kirche.

Inzwischen war ich fast alt genug, um mir den Traum meiner Kindheit zu erfüllen: Straßenbahnschaffner zu werden. Die Herrschaften von der Siegener Kreisbahn GmbH waren irritiert, kein junger Mensch wollte damals auf den rumpelnden Schienenschiffen seinen Dienst versehen. Die Männer, die auf den alten Bahnen arbeiteten, gingen teilweise schon stramm auf die Siebzig zu.

Für mich hatten die antiquierten Siegener Straßenbahnen etwas Gemütliches, diese ruckelnden Wagen aus Eisen, mit Griffen aus blitzendem Messing und Holzbänken. Es mag sich seltsam anhören, aber ich empfand sie als mütterlich und gutmütig. Sie gaben mir ein sentimentales Gefühl von der alten Zeit, so wie ich sie auch in meinem Elternhaus erlebt hatte. Außerdem hoffte ich, dort arbeiten zu können, ohne daß mir ständig jemand auf die Finger guckt. Gerade einmal achtzehn Jahre alt, mußte ich eine Sonderprüfung ablegen.

Sechs Kilometer von Siegen entfernt fand ich eine Bleibe in Truppach. Direkt neben meinem Souterrain-Zimmer lag die Waschküche. Dort richtete ich mich zum ersten Mal modern ein. Es wurde ein Fünfziger-Jahre-Musterstübchen. Das fing schon bei der Tapete an. Damals wurde kombiniert tapeziert – die sogenannte Hauptwand mit Motiven, die anderen Wände schlicht. Auf meiner Hauptwand tummelten sich auf schwarzem Grund elegante Damen mit Hütchen und Hündchen unter dem Eiffelturm. Das war der letzte Schrei! Natürlich besorgte ich mir auch einen Nierentisch mit schwarzer Opalglasplatte; damit kombinierte ich eine Stehlampe, drei Cocktailsessel (Modell Mäcky), einen modernen Teppich und eine Schwedenliege. In der Musiktruhe verbarg sich eine Bar, aus dem Radio Philips »Philletta« dröhnte Caterina Valentes »Ganz Paris träumt von der Liebe«, und auf dem Plattenspieler »Mignon« drehten sich Louis Armstrong-Scheiben. Ich liebte mein selbstgeschaffenes kleines Reich und polierte alles auf Hochglanz. Im Winter allerdings trat ein entscheidender Mangel der Behausung zu Tage: Es gab keine Heizung. Wenn ich morgens aufwachte, glitzerte Rauhreif an den Wänden. Waschen konnte ich mich nur mit kaltem Wasser unter dem Hahn in der Waschküche.

***

An der Endstation angekommen, gab ich dem Drängen einer jungen Dame nach: »Komm her, der Grundschritt ist doch ganz einfach!« Ich nahm sie bei den Händen und wirbelte sie über den Perron, links vorbei, rechts vorbei, nur über die Schulter konnte ich sie nicht werfen, dann wäre sie an der Haltestange hängengeblieben. Aus dem tragbaren Plattenspieler dröhnte Bill Haley, die ganze Clique johlte. Wer als junger Mann gut tanzen konnte, war gefragt. Jedes junge Mädchen träumte davon, bei den Rock 'n' Roll-Wettbewerben dabeizusein, und wollte die alles entscheidenden Schritte beherrschen.

Die Fahrgäste mochten mich, wegen meiner plauderigen Art, weil ich die Leute gerne und freundlich ansprach und mir auch zu jedem eine Redensart einfiel. Bald deponierte eine ältere Frau an einer bestimmten Haltestelle täglich eine Thermoskanne mit Kaffee für mich, andere Leute brachten mir selbstgemachten Kartoffelsalat mit. An der Haltestelle Hengsbach winkte mir mein Schüler-»Fanclub« schon von weitem zu. Statt nur öde die Billetts zu knipsen, erzählte ich während der Fahrt von meinen Erlebnissen im Siegener Jazz-Keller oder auf der Bahn.

Einmal hatte ich vergessen, einen Splint zwischen die Wagenkupplungen zu stecken, die Puffer knallten hart aufeinander, die Leute wurden durchgeschüttelt, und zum Schluß waren die Bremskabel zwischen die Puffer geraten und durchgescheuert. Mit einem Affenzahn kreischte die Bahn rumpelnd den Berg hinunter, und nur mit Müh und Not konnte sie zum Stehen gebracht werden.

Die alten Wagen trugen schwer an ihren Dienstjahren. Manchmal hatte man das Gefühl, die Bahn fährt querfeldein, so heftig war das Quietschen, Rumpeln, Knarren, Knallen, Puffen, Scheppern und Tosen. Das Ruckeln beim Anfahren, die heftigen Bremsungen und vor allem die Notbremsungen: mehr als einmal lag ich quer im Gang, die Tasche öffnete sich, mein ganzes Geld flog durch die Gegend, die Leute waren bestürzt und ich peinlich berührt. Im Winter ließ die Kälte in den zugigen Wagen meine Butterbrote zu harten Klumpen gefrieren.

Bei den Fahrgästen zwar beliebt, war ich den Offiziellen bald ein Dorn im Auge. Manches Mal ließ ich die festen Schuhe oder die Uniformmütze im Schrank und trug statt dessen Fünfziger-Jahre-Mode. Der erste Rüffel kam prompt: Feste Schuhe und Dienstmütze seien Pflicht, verkündeten die Vorgesetzten mit strenger Miene. Auch einige der anderen Fahrer und Schaffner machten mir das Leben sauer. Ich war jung, die Kollegen hatten teilweise noch unter dem Kaiser Dienst getan und sehnten sich nach preußischer Zucht und Ordnung. Einer von ihnen, Dippels Ühm (Dippels Opa), war schon so alt und steif, daß er in den Wagen gehoben werden mußte. Für diese alten Männer grenzte es fast an Majestätsbeleidigung, wenn ich meine Dienstmütze nicht trug. Rief ich statt des vorgeschriebenen Kommandos »Abfahren« spontan »Fertig«, witterten sie Revolution. Für meine Eskapaden – spitze Schuhe, Ringe, Armbänder und Rock 'n' Roll – zeigten sie erst recht kein Verständnis.

Treffen konnten sie mich mit ihrer Ablehnung nicht. Für mich war die Straßenbahn die Erfüllung meines Kindertraumes – und die ersten Bühnenerfahrungen als Alleinunterhalter machte ich obendrein. Ich spielte die Hauptrolle, die Fahrgäste waren Publikum und Statisten zugleich. Wenn die Leute in der Früh die Bahn bestiegen, stürmten sie schon auf mich ein: »Guten Morgen Hermann, erzähl, was du schon wieder alles erlebt hast.« Das tat ich natürlich gern. Auch war es Ehrensache, daß ich besonders sauber artikuliert die Haltestellen ausrief oder: »Bitte in die Mitte gehen!« Jeden Abend bei Dienstschluß freute ich mich schon auf den nächsten Morgen: Noch jemand ohne Fahrschein?

Meine ganze Liebe galt den Straßenbahnen. Die ältesten von ihnen stammten aus dem Jahre 1904, innen holzgetäfelt, die Griffe an den Bänken und Türen, die Kurbel der Fahrer messingschimmernd. Wer auf diesen alten Wagen arbeitete, mußte schon etwas früher aufstehen. Noch bevor die erste Klingel schellte, begann der Arbeitstag mit einem Lappen in der einen und einer großen Flasche Sidol in der anderen Hand: das Messing mußte blinken und blitzen – Ehrensache!

Doch die Tage der liebenswerten Straßenbahnen waren gezählt. Schon bald sollten die O-Busse, die ebenfalls elektrische Oberleitungen nutzten, die alten Bahnen verdrängen. Die Schaffner konnten ihre Kollegen, die auf den Bussen Dienst taten, nicht leiden und umgekehrt. Ich nahm den Kampf der alten gegen die heraufziehende neue Zeit sehr persönlich. Die für die Fahrgäste teilweise atemberaubenden Wettrennen zwischen O-Bussen und Straßenbahnen an den Parallelstrecken waren nur ein Ausdruck dieses Konkurrenzgefühls. Meistens gewannen die Busse, und ich merkte: das Alte unterliegt.

Eines Tages stand es in der Zeitung: Die letzte Straßenbahn, die Linie 3, sollte verschwinden. Nächtelang konnte ich nicht schlafen, die Straßenbahn, mein Ein und Alles, mein Zuhause, mein Leben! Nur schwer fand ich mich damit ab. Daß ich den »Fortschritt« nicht aufhalten konnte, mußte ich mir eingestehen. Aber die alte Straßenbahn sollte wenigstens nicht spurlos verschwinden. Ich faßte mir ein Herz und sprach bei der Direktion vor: »Direktor Krämer, Sie wissen, wie gerne ich auf der Linie 3 gearbeitet habe. Dürfte ich mir bitte von einem Arbeiter eine der großen Glocken abbauen lassen? Ich möchte so gern ein Erinnerungsstück an meine Zeit in der Straßenbahn behalten.«

Der Direktor schaute begriffsstutzig hinter seinem Schreibtisch hervor und fuhr mich an: »Wie bitte? Eine Glocke abbauen lassen? Was wollen Sie denn damit?« – »Ich möchte sie mir aufheben«, erwiderte ich verschüchtert. Direktor Krämer war ganz außer sich, hielt dann inne und fuhr hämisch fort: »Na, hat man sowas schon gehört, wie kann man denn auf so eine Idee kommen!« Damit bedeutete er mir, daß ich zu gehen habe, und ich trat bedrückt aus dem Zimmer. Kurz darauf begab sich die Linie 3 auf ihre letzte Fahrt, bekränzt und geschmückt. Ich war so traurig, daß ich nicht dabeisein wollte.

Zähneknirschend trat ich meinen Dienst in den verhaßten O-Bussen an. Sie waren bequemer, zweifellos, in den Straßenbahnwagen mußten wir uns unablässig einen Weg durch die engen Gänge bahnen, blieben hier an der Tasche von Frau Meier, dort am Mantelknopf von Herrn Müller hängen. Im O-Bus hatten wir einen festen Sitzplatz. Erst jetzt bemerkte ich, wie laut es in den Bahnen immer gewesen war. Trotzdem war ich nicht mit derselben Freude dabei.

Eine Weile noch verwahrten die Depots die Straßenbahnen. Wenn wir uns morgens für den Dienst fertigmachten, schlich ich mich – fast wie ein Hühnerdieb – in eine der Hallen, ließ meinen Blick schweifen, schwelgte noch einmal angesichts der Messingknäufe, der alten Armaturen, des sauber geölten Holzfußbodens und der alten Bänke. Die Kollegen, die mich vor Dienstantritt immer erst suchen mußten, belächelten mich.

Monate später wurden die Bahnen mit Benzin übergossen und in Brand gesteckt. Zufällig sah ich es während des Dienstes vom O-Bus aus. Das war, als hätte mir jemand das Messer im Leibe umgedreht. Bis heute ist von den Siegener

Straßenbahnen nicht mehr geblieben als ein paar vergilbte Fotografien und meine alte Uniform. Die wenigstens habe ich retten können.

Inzwischen wohnte ich in Siegen bei Familie Müller am Giersberg. Die Müllers führten dort ein Lebensmittelgeschäft und eine Bäckerei, ich bekam, auf Vermittlung der Müllerschen Tochter Erika, ein Zimmer unterm Dach. Monatsmiete: 35 Mark. Erika hatte ich in einer der Siegener Jugendcliquen kennengelernt, die damals die Milchbars und Eisdielen bevölkerten. Wir gingen streng im Stil der Zeit, die Mädchen in Petticoats, die Jungen im Anzug und mit Pomade im Haar.

Erika hatte allerdings mehr im Sinn, als sie mich in das elterliche Haus lotste. Nachts schlich sie zu mir hoch, und ich wußte gar nichts damit anzufangen. Erstens sowieso nicht, und zweitens war sie auch nicht gerade ein schönes Kind. Wohlbeleibt, obwohl noch jung an Jahren, sah sie aus wie ein Plunderstück, an das man versehentlich die doppelte Menge Hefe getan hatte. Nach ihren erfolglosen Bemühungen war sie gekränkt. Der zweitjüngste Sohn, Eckhard, hatte leichteres Spiel: Er legte es darauf an, mich zu verführen. Kam ich vom Dienst, räkelte sich Eckhard auf dem Backtisch – die süße Sünde selbst. Scheinbar unschuldig schlafend, verriet ein Blick in seine Körpermitte, daß er sich tatsächlich in einem erregten Zustand der Wachheit befand. Und ich konnte meine Finger kaum bei mir behalten.

Bald klopfte es wieder nachts an meiner Tür, diesmal kroch Eckhard zu mir in die Federn. Die von allen unbemerkten Schäferstunden wurden zur lieben Gewohnheit, mal stahl er sich zu mir, mal schlich ich auf Zehenspitzen zu ihm. Dann wurde es besonders brenzlig, das Elternschlafzimmer lag direkt gegenüber. Außerdem mußten wir uns vor der eifersüchtigen Erika in acht nehmen.

Ostersonnabend 1960 legte ich mich nach dem Spätdienst zu ihm. Wir erlebten eine schöne Nacht, waren aber beide so müde, daß wir – kann man das sagen? – wohl verrichteter

Dinge nebeneinander einschliefen. Rund ums Bett verstreut Hemd, Dienstmütze, Hosen und Mantel. Auf einmal öffnete sich die Tür, es war schon heller Tag, die Mutter stand mit einem Osterkörbchen auf der Schwelle, und ich hörte nur einen spitzen Schrei. Wie eine Furie stürzte sie ins Zimmer und riß uns das Plumeau weg: Da lagen wir nun, so wie uns Gott erschaffen hatte, eng umschlungen, Arme und Beine ineinander geschmiegt, ein Bild des Friedens und der Zärtlichkeit. Mutter Müller empfand das freilich ganz anders: »Karl, Karl«, zeterte sie und holte ihren Mann. Ich raffte derweil meine Sachen zusammen und sagte hastig: »Eckhard, tu mir einen Gefallen. Sag nichts, streite alles ab.« Ich flüchtete in mein Zimmer und hörte dennoch deutlich genug, was sich abspielte. Die Wut der ehrbaren Müllers kannte kaum Grenzen, sie verprügelten ihren Sohn nach allen Regeln der Kunst, Eckhard aber blieb standhaft und schwieg.

Am nächsten Tag hatte ich Gott sei Dank Dienst. Mit schlotternden Knien verkaufte ich Fahrkarten, gab Signale, lächelte mühsam, in mir raste die Angst. Alles stand auf dem Spiel: die Beliebtheit, die ich mir mit viel Einsatz in meiner Bahn gewissermaßen »erspielt« hatte, meine Arbeitsstelle, die Wohnung, alles.

Jedes Kind wußte, daß Homosexualität verboten war. Ich war straffällig geworden – damals galt noch der Paragraph 175 in seiner von den Nazis verschärften Fassung, der jegliche Sexualität zwischen Männern unter Strafe stellte. Unter Schock und wie betäubt, wollte ich mir das Spießrutenlaufen, das mir nun bevorstehen könnte, gar nicht erst ausmalen.

Schließlich mußte ich nach Dienstschluß aber wieder zurück nach Hause, wo sollte ich denn hin. Ungesehen versuchte ich in mein Zimmer zu gelangen, aber wie ein Racheengel stand unvermittelt Vater Müller vor mir: »Hermann, ich muß dich sprechen!« Er bugsierte mich in den Lebensmittelladen, schloß die Tür hinter uns ab, und ein Verhör zwischen Imi, Ata, Konservenbüchsen und Mehltüten begann. »Hermann, ich muß dir wohl nicht erklären, was passieren würde, wenn wir das der Polizei melden. Aber soweit wollte ich bis jetzt nicht gehen. Was also ist zwischen dir und meinem Sohn?«

Es gab nur eine kleine Chance, Ehrlichkeit hätte mich wohl kaum weitergebracht, und ich redete mich, so demütigend es auch war, heraus: »Ach, Herr Müller, ich war betrunken und habe mich einfach in der Tür geirrt. Was glauben Sie, wie ich mich gewundert hab, als am Morgen der Eckhard neben mir lag.« Der alte Müller sah mich durchdringend an: »Das kannst du jemandem erzählen, der die Hose mit der Kneifzange anzieht, aber nicht mir!«

Es ist eine seltsame Geschichte, aber in diesem Moment, nah am Abgrund, wurde ich sicherer: »Ich kann Ihnen nur sagen, was wahr ist. Sie können es mir glauben oder auch nicht. Aber ich mag Ihren Eckhard, und ich weiß nur, daß es mir sehr leid täte, wenn er jetzt meinetwegen Probleme bekäme.«

Der Alte gab sich geschlagen: »Ich weiß zwar nicht, ob ich das glauben soll, aber mein Sohn sagt ja auch, daß da nichts gewesen wäre. Diesmal drücke ich noch ein Auge zu. Es versteht sich ja wohl von selbst, daß du keinen Umgang mehr mit Eckhard hast.«

Halb ohnmächtig versuchte ich mir die enorme Erleichterung nicht anmerken zu lassen und verschwand in meinem Zimmer. Unter konspirativen Umständen traf ich mich ein paar Tage später mit Eckhard: »So schön es auch war mit uns, wir dürfen das nie wieder tun.«

Zwei Monate gingen ins Land, und in einer Vollmondnacht klopfte es zaghaft an meiner Zimmertür: Eckhard! Halbherzig flüsterte ich: »Na du hast ja Nerven, mach, daß du hier raus kommst.« Der nicht mal Sechzehnjährige aber ließ sich nicht beirren: »Nein, ich bleibe jetzt bei dir, ganz egal, was geschieht.« Und die ganze Geschichte fing wieder von vorne an.

Die Siegener Jugend traf sich zu Beginn der sechziger Jahre im Jazz-Keller, einem dunklen Gewölbe, eingerichtet mit

Möbeln vom Sperrmüll, alten Bierfässern und einem Plattenspieler, auf dem wir die Scheiben von Dave Brubeck, Art Blakey und Erroll Garner auflegten – Jazz-Tanz-Musik. Ich kümmerte mich mit Begeisterung um die Dekoration. Vor allem die höheren Söhne und Töchter der Stadt schauten öfter vorbei, Club-Mitglied im Jazz-Keller zu sein galt als unglaublich schick. Hinter vorgehaltener Hand munkelten die Leute so allerhand: Schließlich war der gesamten älteren Generation noch von Joseph Goebbels eingebleut worden, Swing und Jazz seien »undeutsche Negermusik«. Der Siegener Spießbürger argwöhnte, in unserem Keller würden Orgien gefeiert, und schickte uns die Polizei auf den Hals.

Dabei rauchten wir schlimmstenfalls Overstolz, von Alkohol- und Sex-Exzessen keine Spur. Wir trafen uns, um uns gegenseitig zu zeigen, wie toll wir tanzen konnten, uns die neuesten Klamotten vorzuführen und zu reden.

Jeder verwendete seinen Ehrgeiz darauf, zu seinen Röhrenhosen die spitzesten Schuhe zu tragen. Wenn man mit den Dingern einen in den Hintern getreten hätte, hätte er vierzehn Tage Schuhspitzen geschissen. Ich trug Anzüge im Maostil, dazu maßgeschneiderte Jacken. Für mich war diese Kleidung ein Muß: Ich wollte mich immer von der breiten Masse abheben.

Unangenehme Bekanntschaft mit der Masse Mensch, noch dazu geistlosem Drill unterworfen, machte ich bei der Bundeswehr. Als ich die jungen Männer aus dem Westerwald, dem Siegerland und aus Hessen am Bahnhof sah, wurde mir mulmig. Bäuerische Grobiane allesamt. Wie aus dem Ei gepellt – mit schwarzen Handschuhen, Borsalino-Hut, spitzen Lloyd-Schuhen, einer nagelneuen Lederreisetasche und Stockschirm –, unterschied ich mich auf den ersten Blick von den anderen. Die Leute stierten mich an, steckten die Köpfe zusammen und machten dumme Bemerkungen: Haben wir schon wieder Karneval? Wo haben sie den denn losgelassen? Ich dachte: Oh je, es geht schon los. Ich riß mich zusammen, nahm Haltung an, sah durch alle hindurch und bestieg erhobenen Hauptes den Zug.

»5. Flugabwehrbataillon 5« stand auf dem Schild, das der Soldat auf dem Koblenzer Bahnhof hochhielt – meine Truppe. Ein Unteroffizier musterte mich mißbilligend: »Sie kommen zum 5. FLA-Bataillon 5? Na, das kann ja heiter werden!«

Draußen auf dem Bahnhofsvorplatz parkte ein olivgrüner Lastwagen neben dem anderen. »Sie glauben doch nicht im Ernst, daß ich mit meinen guten Sachen auf diesen Lastwagen steige!« Der Fahrer glotzte mich blöde an: »Wie bitte?« Dann stammelte er: »Sowas habe ich noch nie erlebt!« Obwohl innerlich ängstlich, war ich nach außen eigentlich immer kess. Freilich fuhr ich doch mit dem Lastwagen, obwohl ich nahe dran war, mir ein Taxi zu rufen, um mich in die Kaserne chauffieren zu lassen.

Kecker Übermut und mein Hang, Mutter der Kompanie zu spielen, schützten mich in der Folgezeit vor zu argen Drangsalierungen. Zeit meines Lebens ein Freund von Nahrungsmitteln, gingen mir die festen Essenszeiten auf die Nerven. Um nicht zu darben, sammelte ich vom Abendbrottisch übriggebliebene Portionspackungen ein und legte in meinem Spind eine Art Depot an. Und da ich immer bereit war, ausgehungerten Rekruten spät abends noch ein Butterbrot zu schmieren, galt ich bald als etwas schräger, gleichwohl gutmütiger Vogel, dem man ein bißchen Narrenfreiheit zu geben bereit war. Allein, es war immer nur geborgte Toleranz, jederzeit widerrufbar.

Daß sie auch anders konnten, die »Kameraden«, merkte ich bald. Doch ich ließ mir nichts gefallen, fing in der Kantine eine veritable Schlägerei an, als einer der ungehobelten Gesellen meinte, mich diffamieren zu müssen.

Allzuviele Menschen sind unfähig, irgend etwas zu verstehen, was sich außerhalb ihrer eigenen Erfahrungswelt abspielt – was schließlich eine Menge ist –, versinken in Unwissenheit und Alkohol, torkeln hin und her zwischen Kneipe und Sportverein. Das wäre nicht weiter schlimm, wenn sie nicht so verdammt von ihrem Lebensentwurf überzeugt wären und mit ihrer maßlosen Ignoranz sogar über Leichen gingen. Ich muß an den Ballettänzer denken, den es in unsere Kompanie verschlagen hatte. Bildhübsch, groß gewachsen und geschmeidig wie eine Gazelle, war er der militärischen Männergesellschaft ein Dorn im Auge. Sie benutzten ihn, setzten ihn unter Druck, machten ihn zu ihrem Haussklaven. Wenn abends noch einer Durst hatte, er wurde geschickt, er mußte die Stube wischen, er mußte die Wäsche waschen. Sie ließen sich immer neue Schikanen einfallen. Er litt unter den kleinen und großen Demütigungen, sein Unglück war ihm anzusehen. Er wurde stiller und stiller, bis er schließlich mit niemandem mehr sprach. Ich konnte mich gut in seine Lage hineinversetzen, schließlich mußte auch ich mir immer wieder feindliche und primitive Bemerkungen gefallen lassen.

So sprach ich ihn eines Tages an, sagte ihm, er könne mit seinen Problemen zu mir kommen, wenn er nicht mehr damit fertig werde. Zu erkennen gab ich mich nicht, zum einen, weil ich wußte, daß er nicht für homophil gehalten werden wollte. Und zum anderen saß mir die Angst im Nacken, daß meine Veranlagung weitere Kreise ziehen könnte. Heute ist das kaum mehr zu begreifen, aber damals setzte sich das Lebensgefühl der Homophilen zu einem erheblichen Teil aus zwei Komponenten zusammen: Angst und Schuldempfinden.

Verschüchtert bedankte er sich für das Angebot, nahm es aber nie wahr. Dafür hatten sie ihn wohl bereits zu sehr gebrochen. Einige Wochen später fand man ihn, er hatte sich erhängt im Keller der Kaserne. Der Pastor bei der Trauerfeier hielt den »braven« Soldaten den Spiegel vor: »Alle, die ihr hier sitzt, alle, quer durch die Bank, habt ihr Mitschuld am Tod dieses Jungen!«

Für ein paar Tage gab man sich zerknirscht. Doch bald war der Vorfall vergessen, der Spießrutenlauf für alle, die »im Verdacht standen«, am anderen Ufer zu stehen, begann erneut. Die soldatische Männergesellschaft – wenn schon nicht im Felde, so doch wenigstens im Verdrängen unbesiegt.

* * *

Während meiner Bundeswehrzeit machte ich Bekanntschaft mit Familie Herzlich in Montabaur, Hannelore und ihrem Sohn Hasso. Hasso war siebzehn Jahre alt, ein hübscher Knabe mit einer großen Liebe zu Caterina Valente, von der Wand in seinem kleinen Zimmer lächelte Caterina in allen Lebenslagen.

Hasso und ich unternahmen lange Spaziergänge rund um Koblenz und lernten manche Waldlichtung dabei ziemlich gut kennen. Das fand ich zwar schön, aber so ganz war Hasso nicht mein Fall, er war mir zu hysterisch, aufgeregt und weich.

Seine Mutter Hannelore, eine Frau im besten Alter, begann mich zu umgarnen. Als Werbeverkaufsfrau für Persil trug sie mit flinker Zunge dazu bei, den deutschen Hausfrauen der Nachkriegszeit den Wirtschaftswunder-Reinlichkeitswahn anzuhexen. Sie war in der ganzen Gegend bekannt, kam viel herum und wußte über jeden Skandal und jedes Skandälchen bestens Bescheid. Für ihr Lästermaul hätte sie einen Waffenschein beantragen müssen. Schon damals dachte ich: Wenn die mal stirbt, muß ihr Mundwerk noch extra totgeschlagen werden. Hannelore sprach ohne Punkt und Komma, Hermann hier und Hermännchen da, zauberte prächtige Mahlzeiten und becircte mich nach allen Regeln der Kunst einer erfahrenen Frau von Anfang Vierzig. Was für ein Kontrast zur Männergesellschaft bei der Bundeswehr! Sie spürte instinktiv, wie unwohl und verlassen ich mich fühlte, und stellte sich darauf ein, überschüttete mich mit Komplimenten, verwöhnte mich und strich mir übers Haar. Bald hatte Hannelore leichtes Spiel. Bis dahin hatte ich gar nicht gewußt, daß auch Frauen eine erotische Wirkung auf mich haben können.

Für mich wurde sie zu einer Art Muttersatz, wir mochten uns sehr, aber Liebe war es nicht. Außerdem führte bei den Herzlichs um den Familienanschluß kein Weg herum. Tante Franziska und die Großmutter wohnten mit im Haus: drei Frauen, der hysterische Hasso und ich mittendrin, ich wußte kaum, wie mir geschah. Hasso wurde halb wahnsinnig vor Eifersucht. Er schikanierte uns, wo es nur ging. Wollten wir beim Schäferstündchen Schallplatten hören, hatte Hasso garantiert vorher die Nadel ausgebaut; wenn plötzlich das Licht ausging, war es ein leichtes, Hasso am Sicherungskasten zu erwischen.

Der liebeskranke Hasso schreckte nicht einmal davor zurück, sich an den familiären Möbelstücken zu vergehen. Als das Sofa, auf dem Hannelore und ich es uns gerade bequem gemacht hatten, krachend zu Boden ging, war klar, daß Hasso die Beine angesägt hatte. Daß durch diesen Anschlag ein Stockwerk tiefer eine Stuckrosette in Tante Franziskas opulenter Obstschale aufschlug, brachte die Tante in maßlose Wut und halb Montabaur zum Lachen. Zum Schluß hatte sich die Situation so zugespitzt, daß Hasso seinem Liebesleiden ein spektakuläres Ende setzen wollte. Er schloß sich in der Dachkammer ein und setzte sich in eindeutiger Absicht und unübersehbar auf den äußersten Rand des Fensterbrettes. Hannelore mußte die Feuerwehr rufen. Auf diese Weise kam das Sprungtuch der Freiwilligen Feuerwehr Montabaur erstmalig zum Einsatz. Ein gewisser Hang zum Drama war mir nicht gerade fremd, aber das Theater bei Herzlichs ging dann doch über meine Kraft.

Im August 1961 lag eine gespenstische Stimmung über der Augusta-Kaserne. Quietschend fuhren die Wagen der Generäle vor, die höheren Ränge eilten ins Besprechungszimmer. Aus dem Radio erfuhren wir, daß die Ostzonen-Regierung, von einer DDR wurde damals offiziell in der Bundesrepublik nie gesprochen, ihre Hauptstadt gegen die Westsektoren absperren ließ. Wir alle nahmen an, dies sei das große Halali zum nächsten Krieg. Sofort verhängte die Heeresführung Urlaubs- und Ausgangssperren, eine bedrohliche Spannung hing über den Kasernenhöfen.

Bei unseren Übungen mit der Waffe hatte ich stets absichtlich vorbeigezielt, weil es mir zuwider war, auf einen Menschen zu schießen, auf sein Herz anzulegen – auch wenn es sich nur um einen Pappkameraden handelte. Während es der Ehrgeiz aller anderen war, ins Schwarze zu treffen, freute ich mich, wenn die Aufsicht meine Projektile überhaupt nicht mehr ausmachen konnte. Wenn wir auf den Schießplatz ausrücken mußten, dachte ich: wie gerne würde ich hierbleiben und lieber die ganze Kaserne putzen.

Die Vorstellung, jetzt tatsächlich in das Morden eines Krieges hineingezogen zu werden, an der Front mein Leben aufs Spiel zu setzen und anderen Menschen nach dem Leben zu trachten, raubte mir den Schlaf. Das wollte ich nicht. Töten, dafür gab es in meinem Weltbild keinen Platz.

Dessenungeachtet hatte ich den körperlichen Belastungen der langen Nachtmärsche problemlos standgehalten. Damit bewies ich mir und den anderen, daß Homophile keine Versager sein müssen, wie uns das damals noch so gern nachgesagt wurde.

Ohne viel Federlesens verlängerte man ob der angespannten Lage meinen Wehrdienst um drei Monate, so daß ich bis Ende März 1962 kaserniert blieb. Trotz aller Schikanen und dem Niedrigen, was sich um mich herum abspielte: es war eine wertvolle Erfahrung, mich als androgynes Wesen zwischen diesen ganzen sogenannten »richtigen Männern« zu behaupten.

Nach der Bundeswehrzeit kehrte ich nach Siegen zurück. Doch es hatte sich einiges geändert. In der Straßenbahn oder Eisdiele merkte ich intuitiv, daß sich manche meiner Bekannten distanzierter verhielten. Einer meiner Verflossenen hatte offenbar in der Stadt herumgetratscht. Unangenehm.

Ich befürchtete, daß meine Großeltern damit konfrontiert würden, das hätten sie nicht verkraftet, ihre Reaktion mochte ich mir gar nicht vorstellen. Noch immer fühlte ich mich dem wohl tausendmal gehörten Ausspruch meines Großvaters verpflichtet: »Sei anständig, ehrlich, und mach uns keine Schande!«

Ich entschloß mich, Siegen zu verlassen. Teilweise war es eine Flucht, andererseits wollte ich mich verändern, Anregungen erhalten, Neues erfahren, meine eigenen Wege gehen; Wege abseits der ausgetrampelten Pfade. Eines aber wollte ich bleiben, nämlich Schaffner. Ich bewarb mich bei den Kölner Verkehrsbetrieben, die KVB offerierte eine Stelle. Ich sollte wieder Straßenbahnschaffner sein. Wunderbar.

Erste Bekanntschaft mit der Domstadt hatte ich schon geschlossen. Mit dem Motorroller unternahm ich zusammen mit einem Freund nächtliche Ausflüge in die Großstadt, und wir knöpften uns – wie man heute wohl sagen würde – die Kölner »Szene« vor.

Zum Beispiel das Nachtlokal Sombrero. Natürlich waren wir aufgeregt, als wir an der Bar klingelten; aufgeregt, weil wir gleich in die geheimnisvolle Welt hinter dieser schweren Tür eintauchen würden. Da wir ganz flotte Jungs waren, ließ uns der Türsteher anstandslos herein. Zunächst sah man nur eine Treppe, unten, im Lokal selbst, roter Plüsch – Fransen und Pompons, wohin das Auge blickte. Man gab sich streng konservativ: Grundsätzlich spielte man nur deutsche Musik, Zarah Leanders »Nur nicht aus Liebe weinen« spendete den verletzten Seelen Trost, Caterina Valente sagte »Tschau, Tschau Bambina«, Rudi Schuricke ließ die rote Sonne bei Capri im Meer versinken, und allenfalls Connie Francis durfte lautstark dem schönen fremden Mann nachtrauern.

Das Selbstbild der Männer im Sombrero war geprägt durch den empfindsamen, kulturell interessierten Schöngeist. Man hörte Lieder von der Sehnsucht, die Gäste trugen feines Tuch aus den Kölner Herrenausstatter-Geschäften, man ging in Schlips und Kragen, Anzüge dominierten das Bild – Kombinationen aus unifarbenen Hosen und einem Hahnentritt-Jackett wirkten schon vergleichsweise leger. Vor allem Verkäufer aus den angesehenen Geschäften kehrten im Sombrero ein. Schnell lernte man zwischen den »Herbert Stock-Tucken« und den »Selbach-Trinen« zu unterscheiden. Die Stimmung war borniert und hochtrabend, man tat vornehm, genehmigte sich einen Piccolo, einen Whisky Racke Rauchzart auf Eis, Martini oder den damals berühmten Lufthansa-Cocktail. Jeder wollte gern etwas Besseres sein, auch die beiden Inhaber erwiesen sich als lackierte Typen: Gäste, die nicht zur Kölner Lokalprominenz gehörten, behandelten sie wie Luft.

Trotz des kultivierten Scheins lag über dem Lokal eine trübe, von Abwehr geprägte Stimmung. Man mußte mit Razzien rechnen. Offiziell war es nicht einmal erlaubt, daß zwei Männer miteinander tanzten. Aber hinter einem kleinen Vorhang im Nebenraum wiegten sich dann doch Männer im Slow-Fox. Dort erhielten nur Stammgäste Zutritt, uns ließ man nicht hinein.

Mit den überwiegend älteren Gästen kamen wir, zwischen rotem Plüsch und in schmeichelnder Beleuchtung, ins Gespräch. Schon an unserem ersten Abend lernten wir einen bekannten Kölner Innenarchitekten und verschiedene Künstler kennen und wurden zu einer Party eingeladen. Ich war fasziniert vom Fluidum der Großstadt. So etwas hatte mir Siegen nicht zu bieten.

»Dat hät 'ne Fress am Kopp, da konn ma drei bedrissene Buxe drin wäsche« (Die hat 'ne Fresse am Kopf, da kann man drei beschissene Hosen drin waschen), sagte Kettlers Mia. Sie thronte im KVB-Aufenthaltsraum am schmuddeligen Resopaltisch und goß sich, keinen Widerspruch duldend, noch eine Tasse Kaffee ein. Das »Radargerät«, eine nicht eben beliebte Kollegin, der nichts entgehen konnte – vor allem, wenn es sie nichts anging –, stand wutentbrannt auf und knallte die Tür hinter sich zu. Kettlers Mia hatte mal wieder Bescheid gestoßen und schlürfte zufrieden ihren Mokka.

Hier nahm niemand ein Blatt vor den Mund. Et Zirkuspääd (das Zirkuspferd) ebenso wenig wie Lüch-Lies (Lügen-Liesl) oder Schilberts Änn. Zündstoff gab es genug. Einige der Schaffnerinnen hatten zu dem Fahrer, mit dem sie regelmäßig Dienst taten, zarte Bande geknüpft. Und bei Männern hört für Frauen jede Freundschaft auf. Oft schwärzten sich die »lieben Kolleginnen« bei den ahnungslosen Ehefrauen der treulosen KVB-Fahrer gegenseitig an. Wenn die Wellen hochschlugen, war »Flittchen« noch eine der schmeichelhafteren Bezeichnungen, mit denen die Damen sich belegten.

Helga und Ilse Schneider waren nach einer Schlägerei, in deren Verlauf sich die beteiligten Damen gleich büschelweise das Haar aus den toupierten Frisuren gerissen hatten, versetzt worden. Meistens allerdings sorgte Kettlers Mia dafür, daß handfeste Auseinandersetzungen in diesem Tigerkäfig unterblieben. Breit saß sie vor ihrer angeschlagenen Kaffeekanne, die selten Spülmittel zu sehen bekam, bot jedem, der eintrat, eine Tasse an und zerstreute so manches Gewitter, das sich rund um Männergeschichten und übler Nachrede zusammenbraute.

Sie kochte ihren morgendlichen Muntermacher ohne Filterpapier, überbrühte einfach das Kaffeepulver. Mias Gebräu hatte die Wirkung von Raketentreibstoff, der Löffel stand in der Tasse. Viele Schüler hatten Angst vor Mia und ihrem Feldwebelton und stiegen gar nicht erst in den Wagen, wenn sie die imposante Schaffnerin von weitem sahen. Dabei war sie eigentlich eine gutmütige Frau.

Auch Schilberts Änn hatte ein großes Herz, nur wußte sie es vor den Fahrgästen gut zu verbergen. Wenn ihr einer besonders dumm kam, klemmte sie ihn einfach beim Aussteigen in der Tür ein – und damit war die Sache für sie erledigt. Als sie am Chlodwigplatz einem in der Tür steckengebliebenen Fahrgast auch noch ins Gesicht spuckte, hatte sie wohl einfach einen schlechten Tag.

Manchmal fuhr ich in meinen freien Stunden bei ihr mit, um zu erleben, wie sie ihre Fahrgäste mit kessen Sprüchen belegte. Sie konnte lebensgefährlich werden, und es kursierte der Spruch: lieber tot als Änni zur Freundin. Dabei war sie eigentlich ein prima Kumpel. Gerade diese besonders rauhen Kölner Urgesteine waren ausgesprochen warmherzig. Wenn ich mal knapp bei Kasse war, merkte Kettlers Mia mir meinen Kummer an, schleppte am nächsten Tag schwere Einkaufstaschen voller guter Sachen zum Dienst, drückte mir die Tüten in die Hand und sagte: »Komm Jung, nimm dat mit, is für dich.«

Bald wurde ich Gegenstand des KVB-Tratsches. Eine Kollegin hatte mich in einem Nachtlokal gesehen: im Barberina, benannt nach der Tänzerin, die einst am Hofe Friedrichs des Großen Furore gemacht hatte und im Alter ihre Besitzungen in ein Damenstift umwandelte, dem sie selbst, ruhiger geworden, als Äbtissin vorstand. Im großen Saal hing ein Porträt der Italienerin, das nichts über ihre frommen Intentionen verriet. Die Barberina soll übrigens Friedrich dem

Großen so gut gefallen haben, weil sie sehr männliche Beine hatte. Die Wirte und auch die Kölner Homophilen wußten von dieser Doppeldeutigkeit, und auch wenn diese Bar sich nicht ausschließlich an einschlägige Kreise richtete, genoß sie – zumindest unter Bediensteten der KVB – wohl einen zweifelhaften Ruf.

Früher hatte hier, in der Gegenwelt zur wohlanständigen Bürgerlichkeit, Trude Herr zwischen Nachtschwärmern, Outsidern und leichten Mädchen an der Bar Drinks gemixt, inzwischen war sie durch unzählige Filmkomödien und Schlager ein Star. Doch noch immer sprachen die Angestellten und Stammgäste von »unserer Trude«.

Über den Kellner, »Zehnpfennigs-Will«, ging das Gerücht, er habe zwei Schuhgeschäfte und sein gesamtes Vermögen mit Strichjungen durchgebracht. Willi trug offensichtlich schwer an seinem Schicksal und bewegte sich meist im Sturzflug durch das Lokal. Vielleicht hatte er Mühe, sein kostspieliges Hobby weiter zu finanzieren, jedenfalls stand er in dem Ruf, »mit der Gabel anzuschreiben«: Manchmal vermehrten sich die Striche wie von selbst. Zehn-Pfennigs-Will wollte auch leben.

Hier nun also hatte mich eine Kollegin gesehen. Als ich sie entdeckte, wurde mir ganz mulmig, ich überlegte: Was machst du nun? Sollte ich gehen? Andererseits sagte ich mir: Wenn die hier verkehrt, wird sie auch irgendwelche Ambitionen haben. Hatte sie auch, aber das hielt sie nicht davon ab, schon am nächsten Morgen die gesamte Belegschaft darüber zu informieren, wo ich mich nachts herumtrieb. Ein anderer Kollege, der regelmäßig mit dem Strickzeug in der Hand im Barberina saß, blieb von jedem Geschwätz verschont. Er war verheiratet und damit vor Verdächtigungen relativ sicher. Aber ich merkte bald, daß einige Kollegen mich mieden.

Je besser ich Köln kennenlernte, um so mehr Trödler und Antiquitätengeschäfte entdeckte ich. Stundenlang stöberte ich darin herum, bestaunte alte Möbel, drehte und wendete

Lampen und Accessoires. An diesen eigentümlich zeitlosen Orten begann zugleich die Zeit huschartig dahinzufliegen, und das tat sie, obwohl jede einzelne Minute sich in immer neuer Erwartung dehnte, von stillen, verschwiegenen Erlebnissen schwoll, die ich mit den Dingen verband, die dort gelagert wurden. Meine Sammelleidenschaft erwachte erneut, bis zur Manie. Als erstes erwärmte ich mich für einen ovalen Stuckspiegel aus der Gründerzeit, bald kam ein Louis-Philippe-Schrank dazu – daß er genau 175 Mark kosten sollte, gab mir zum Schmunzeln Anlaß.

Oft entdeckte ich bei meinen Spaziergängen durch die Stadt im Schaufenster etwas, das mir gefiel. Beinahe täglich suchte ich dann den Trödlerladen auf, lugte hinein, preßte, wenn geschlossen war, meine Nase am Fenster platt, um das entsprechende Stück immer wieder in Augenschein zu nehmen. Einmal, ein Likörschränkchen hatte mich verzaubert, legte ich mich vor dem Schaufenster auf die Erde, um einen Blick auf die Unterseite zu werfen.

* * *

1962, als ich nach Köln zog, besaß die Stadt Flair: Seit dem Kriegsende hatten die Bürger, Trümmerfrauen, Architekten, Hausbesitzer und Bauleute, Unglaubliches geleistet. Obwohl mehr als achtzig Prozent der Bausubstanz den alliierten Bomben zum Opfer gefallen war, prägte Vielfalt das Bild.

Die frühen Bauten, zum Beispiel der Hahnenstraße oder die Sartory-Festsäle von Wilhelm Riphahn, wurden noch vor der Währungsreform projektiert und begonnen. Der Not gehorchend, aber auch unter dem Einfluß des auf Bauhaus-Traditionen zurückgehenden »Neuen Bauens«, besann man sich auf das »Einfache und Gültige«, wie Riphahn sich einmal ausdrückte. Die Architekten gaben sich schon in der ersten Phase des Wiederaufbaus nicht mit Provisorien zufrieden, sie nahmen die Geld- und Materialknappheit als Herausforderung an. Ich denke an das Kino »Hahnentor Lichtspiele«, errichtet 1948 und bedauerlicherweise 1986 abgerissen. Der Volksmund nannte dieses Gebäude »Bosco-

Kinema«, in Anspielung auf die gleichnamige Zigarette aus der französischen Besatzungszone – es war durch Schwarzmarktgeschäfte finanziert worden, für die Sartory-Festsäle muß dasselbe vermutet werden. Auch sie wurden verändert, die zu Geld gekommene bundesrepublikanische Gesellschaft mochte sich spätestens seit den siebziger Jahren nicht mehr mit der Nachkriegsbescheidenheit zufriedengeben.

Doch gerade dieser etwas nüchterne Stil erscheint mir immer noch – vor allem verglichen mit der megalomanen Architektur der NS-Zeit – als Wohltat. Daneben entdeckten die Architekten der Fünfziger die geschwungene Linie, die fast melodische Leichtigkeit der eleganten Form – noch heute beeindruckend erlebbar in den Festräumen des Gürzenich, im Spanischen Bau der Stadtverwaltung und im ersten Gebäude des Westdeutschen Rundfunks. Die Loslösung von der symmetrischen Formensprache, der »stil novo« mit geschwungenen Balkons, lichtschnittigen Treppenhäusern und spielerischer Linienführung ruft beim Betrachter unverzüglich die Assoziation »Nierentisch« hervor. Diese rasanten Entwürfe heben sich ab von den eher finster-strengen Gebäuden, mit denen andere Architekten versuchten, an ihre Erfolge während des Dritten Reiches anzuknüpfen, was freilich zumindest bei Fachleuten auf wenig Gegenliebe stieß: »Daselbst ein Hochhaus tönt von Hoheitswillen, doch in den falschen Tönen, die uns seit 1933 in den Ohren wehtun«, schrieb 1954 die Deutsche Bauzeitschrift über das Gerling-Hochhaus in Köln. Und bei manchem Gebäude fügten sich verschiedene Elemente dieser Strömungen zu einem abwechslungsreichen Bild zusammen.

Aufwendige Neonanlagen belebten die Stadt bei Nacht. Leuchtreklamen, Schaufensterfronten aus gebogenem Glas, Türen und Eingangsportale mit kunsthandwerklichen Arbeiten, all dies war mit Großzügigkeit, Sorgfalt und Liebe zum Detail entworfen. Die Geschäftsleute gaben sich Mühe, ihre Schaufenster ästhetisch zu dekorieren. Selbst die nur zweigeschossig bebauten Trümmergrundstücke – später

Provisorien genannt – waren mit Anmut und Witz gestaltet. Dazwischen die alten Häuser mit ihren Gründerzeitfassaden, die historischen Bauwerke wie der Dom oder die wuchtigen Türme der Hahnentorburg am Rudolfplatz, die daran erinnerten, daß Köln bei aller Modernität immer ein geschichtsträchtiger Ort gewesen ist. Ich bin ein Augenmensch und genoß den außergewöhnlichen, manchmal schrillen Charme dieser Stadt.

Durch die Gespräche mit den Trödlern, den Schaffnerinnen und meinen Fahrgästen lernte ich die drei verschiedenen Kölner Mundarten kennen: das akademische Kölsch (auch Millowitsch-Kölsch), gut verständlich für Zugereiste, bekannt durch die Prunksitzungen in Funk und Fernsehen. Dem Mittelstands-Kölsch kann man auch als Auswärtiger folgen, selbst wenn man manche Ausdrücke nicht kennt. Es galt, zumindest in Köln, noch als einigermaßen salonfähig. Das Kölsch der einfachen Leute aus den alten Arbeitervierteln versteht kein »Immi« (Kölner Dialektausdruck für Zugereiste). Diese Mundart ist breit; wer sie spricht, gilt als rauh, aber herzlich. In den sechziger Jahren kamen alle drei Idiome aus der Mode und galten – außerhalb der »tollen Tage« – als ordinär. Das Bürgertum sprach hochdeutsch, Dialekt war den Ungebildeten vorbehalten, so meinte man. Erst zu Beginn der siebziger Jahre wurde Kölsch wieder populär, nicht zuletzt durch Gruppen wie »De Bläck Fööss«, die auch außerhalb der Karnevalssaison enorme Erfolge feierten. Plötzlich bemühte sich jeder, per Lippenbekenntnis seinen Lokalpatriotismus zu demonstrieren.

Johnny fiel mir sofort auf.

Er war der Typ Mann, nach dem sich die Frauen auf der Straße umdrehten: groß, kräftig und mit einer Ausstrahlung, die eine perfekte Mischung war aus der Laszivität des jungen Alain Delon und der herben Männlichkeit Gary Coopers. Dazu trug Johnny stets eng geschnittene Kleidung, die seine gute Figur noch mehr betonte. Täglich benutzte er meine Straßenbahnlinie, und da es mir nie schwerfiel, Leute in ein Gespräch zu verwickeln, dauerte es nicht lange, daß Johnny mich zu Hause besuchte. Ich begann um ihn zu werben, stellte mich sogar für ihn in die Küche und gab mein Bestes. Normalerweise war das, was ich mir am Herd zusammenfummelte, nur in den seltensten Fällen zu genießen. Aber wenn man verliebt ist, wächst man erstens über sich selbst hinaus (ich) und nimmt zweitens manches in Kauf, was man sonst nie akzeptieren würde (er). Trotz oder wegen meiner Kochkünste gelang mir die Eroberung. Aber, es waren Sturm-und-Drang-Jahre sowohl für ihn als auch für mich, und nach einer Weile verloren wir uns aus den Augen. Es blieb bei einer zwar heißen, aber nicht sehr langlebigen Affäre.

Wie die meisten Menschen habe ich mich nie gern in Kliniken begeben, um Kranken eine Visite abzustatten. Doch als ich erfuhr, daß Johnny einen schweren Unfall gehabt hatte, überwand ich mich. Das Unbehagen rührt wohl vor allem daher, daß man sich als Gesunder in diesen Krankenghettos seiner körperlichen Unversehrtheit fast schämt; und daß man auf der anderen Seite ahnt, wie schnell man seine Gesundheit verlieren kann.

Johnny lag reglos in seinem weißen Bett, mager geworden, klein. Ich bemühte mich, mir meine Fassungslosigkeit nicht anmerken zu lassen, und er erzählte mir von seinem Unfall: Im Irland-Urlaub war er mit einer ganzen Gruppe junger Leute nach einer feuchtfröhlichen Nacht im Meer schwimmen gegangen. Der hohe Wellengang im Mondschein wirkte malerisch, die jungen Leute scherzten und alberten herum, erst nach einer halben Stunde merkten sie, daß Johnny fehlte. Die Brandung hatte ihn mit dem Kopf auf einen Felsen geworfen. Als sie ihn fanden, lag er schon im Koma, sein Bewußtsein erlangte er erst im Krankenhaus zurück. Ein Pastor erteilte ihm gerade die letzte Ölung.

Johnnys Bauch war weißlich aufgeschwemmt, die Brust zusammengefallen, die Beine bis zur Unkenntlichkeit abgemagert, durchgelegene Stellen auf dem Rücken und an den Fersen, die Füße in grotesk verdrehter Stellung. Johnny, der Traummann – ein Bild des Jammers. Normalerweise bin ich nie um ein aufmunterndes Wort oder eine passende Antwort verlegen, jetzt hatte ich einen Kloß im Hals, hielt mich mühsam am Bettgestell fest und wußte nicht, was ich sagen sollte. Gar nichts, dachte ich. Sag jetzt einfach gar nichts. Es gibt Momente, wo jedes, aber auch jedes Wort überflüssig ist, Worte des Mitleids verletzen, trostreiche hohl sind wie Trommeln.

Gelähmt ab dem dritten Halswirbel, hatte er nur noch den Kopf und sehr eingeschränkt den linken Arm in seiner Gewalt, konnte ohne fremde Hilfe weder essen noch ein Buch umblättern oder eine Zigarette anzünden. Als ich das Spital verließ, nahm ich die Beweglichkeit meiner Glieder wahr wie wohl nie zuvor, atmete die Luft tief ein – dennoch lag ein Schleier über der Welt, freuen konnte ich mich an meiner Vitalität nicht.

Er war entstellt, aber immer noch Johnny: das schöne Gesicht, die angenehm ruhige und tiefe Stimme und sein Geist waren ihm geblieben. Ich besuchte ihn regelmäßig, wir sprachen lange miteinander, ich fütterte und rasierte ihn; wenn er rauchen wollte, führte ich ihm die Zigarette zum Mund.

1965 nahm ich ihn erst einmal zu mir. Ohne auch nur die geringste Vorstellung davon zu haben, was damit verbunden war. Im Grunde genommen der schiere Irrsinn, aber in solchen Situationen denke ich sehr einfach, intuitiv: Da gab es jemand, der mir einmal sehr viel bedeutet hat, und der braucht jetzt meine Hilfe. Also nicht lange zieren, sondern los!

Daß er rund um die Uhr versorgt werden mußte, war noch das geringste Problem. Eine Ahnung von dem, was auf mich zukommen sollte, beschlich mich erst, als die Sanitäter nicht nur Johnny bei mir zu Hause abluden, sondern außerdem Myriaden Kartons und Kistchen in meine Küche stapelten: Salben, Katheterbeutel und Schläuche, massenweise Tabletten, Tropfen, Mull und Fliesunterlagen. Weitere Erklärungen hielten sie für unnötig. Johnny hatte ihnen den Bären aufgebunden, ich sei examinierter Krankenpfleger. Andernfalls hätte kein Arzt dem Transport in meine Wohnung zugestimmt. Das aber ahnte ich zu dem Zeitpunkt nicht. Hilflos stand ich vor den Kartons in meiner Küche: »Was soll ich denn damit?« Die Sanis sahen mich an wie einen Schwachsinnigen: »Ja denken Sie, Herr Schwarz verbindet sich selbst?«

»Aber ich weiß doch gar nicht, wie man das macht.«

»Dann nehmen wir ihn wieder mit!«

Das hätten sie nicht sagen dürfen, denn jetzt war mein Ehrgeiz geweckt: »Das kommt überhaupt nicht in Frage!« Johnny würde mir schon erklären, was ich zu tun hätte.

Wenige Stunden später ging es los: der erste Katheterwechsel. Mir wurde heiß und kalt, meine Knie wurden weich, auf meiner Stirn bildete sich Schweiß, und weiße Punkte tanzten vor meinen Augen. Erst nach endloser Prozedur gelang es mir, mit einer sterilen Pinzette den etwa dreißig Zentimeter langen Katheterschlauch in die Harnröhre einzuführen. Die ganze Zeit hatte ich Angst, ihm wehzutun oder ihn zu verletzen, obwohl ich wußte, daß er unterhalb seines dritten Halswirbels keine Schmerzen empfand. Johnny übte sich derweil in Engelsgeduld, ermutigte mich, und schließlich war es geschafft. Ich räumte hastig die Utensilien weg, schloß mich im Badezimmer ein und heulte Rotz und Wasser.

Ich durfte von Johnny lernen. Grenzenlos mein Erstaunen darüber, daß ein Mensch, der so stark behindert, der so eingeschränkt war, in allem, was nach den landläufigen Vorstellungen zu einem vollwertigen Leben gehört, einen solchen Lebenswillen entfaltet. Johnny konnte wunderbar erzählen und liebte es, herzhaft zu lachen. Er holte die ganze Welt in dieses Zimmer, das er kaum mehr verlassen konnte. Unsere Beziehung wandelte sich. Zwar sprachen wir oft von den alten Zeiten, aber nun entstand eine neue Tiefe – ich hatte Respekt und Hochachtung davor, daß Johnny nie wehleidig war, sein Schicksal annahm und dabei allen widrigen Umständen zum Trotz seine Würde behielt.

Die folgenden fünf Jahren verbrachte er immer wieder in Krankenhäusern, Pflegeheimen und Rehabilitationseinrichtungen, oft monatelang; doch immer wieder kehrte er in meine Wohnung zurück. Es war ein Auf und Ab, aber wie dankbar bin ich ihm für die Zeit, in der ich lernte, das Leben viel bewußter wahrzunehmen.

Freilich trug sich auch Schauerliches und Groteskes zu. Einmal wäre er mir fast unter den Händen an einer Blaseninfektion gestorben, weil im Krankenhaus ein Katheter zu lange nicht gewechselt worden war.

Wieder genesen, wünschte sich Johnny eines Abends, bevor ich das Haus verließ, vom Zehnplattenwechsler ein Musikprogramm. Wir verabschiedeten uns zu den Klängen der Dean-Martin-Platte, und als ich – acht Stunden später – die Tür aufschloß, traf mich fast der Schlag: Noch immer säuselte Dean Martin. Die Nadel war an einem Kratzer hängengeblieben. Acht Stunden lang derselbe Takt Dean Martin! Der arme Johnny war dem Wahnsinn nahe, er konnte sich ja nicht mal die Ohren zuhalten. Er hatte es mit autogenem

Training versucht, dennoch lag er schweißüberströmt da. Nachdem ich der Pein ein Ende bereitet hatte, sagte er: »Hermann, das war wie Krieg! Wenn ich könnte, würde ich Dean Martin sofort umbringen!«

Oft glichen die Krankenhäuser und Pflegeheime, in denen ich ihn besuchte oder aus denen ich ihn abholte, Siechenstationen. Ein dubioses Kölner Pflegeheim ist mir noch besonders in Erinnerung. Ich war entsetzt: Er lag in einem Dreibettzimmer, neben ihm ein Mann mit Syphilis im Endstadium, der irre vor sich hin lachte und den ganzen Tag mit einem Stofftier spielte. In der Matratzengruft auf der anderen Seite schabte ein Greis mit den Fingern an seinem grauen Bart. In seinen besseren Tagen Seemann, sprach er den ganzen Tag unablässig von seinen sexuellen Erfolgen bei den Mädchen in allen Hafenstädten der Welt – von Rio über Hamburg bis Hawaii. Johnny litt furchtbar unter dem syphilitischen Schwachsinn und der verkalkten Altersgeilheit seiner Zimmergenossen.

Die Schwestern liefen derweil in Kitteln herum, deren hygienisches Weiß schon längst einem schmutzigen Grau gewichen war. Sie rasierten ihn nicht, wuschen ihn unregelmäßig und nachlässig, die Bettwäsche wechselten sie nur sporadisch; die Matratze war durchgelegen und verschlimmerte seinen Dekubitus dramatisch. Der Katheterbeutel war nicht richtig befestigt, und Johnny lag im Nassen.

Die Szenerie in dem Heim war gespenstisch. Im Aufenthaltsraum saßen kopfwackelnde Greise vor einem Fernseher, dessen Bildstörungen jede Spielfilmhandlung im Dunkeln ließen. Als ich fragte, warum sie vor dieser kaputten Röhre sitzen müßten, nahm mich eine offenbar weniger verkalkte alte Frau beiseite: »Um Gottes Willen, sagen Sie der Heimleitung nichts. Wenn der Eindruck entsteht, wir hätten uns beklagt, haben wir nichts als Schikane zu befürchten. Dann wird alles noch viel schlimmer. Schon jetzt werden wir eingeschlossen, vom Personal bedroht und geschlagen. Bitte, sagen Sie nichts.«

Johnny bedrängte mich: »Bitte Hermann, kann ich nicht wieder zu dir kommen?« Auch wenn es mir wehtat, erwiderte ich: »Johnny, ich kann das nicht mehr. Ich habe Angst vor der Verantwortung.« Inzwischen wußte ich nämlich, daß meine Hauspflege illegal war. »Herr Götting«, hatte die Sachbearbeiterin der Kostenstelle gesagt, mit der ich regelmäßig verhandelte, »was Sie tun, ist wunderbar. Aber danken wird es Ihnen niemand. Im Gegenteil: Wenn etwas passiert, wird der Staat Sie belangen. Sie kommen in Teufels Küche, vielleicht sogar ins Gefängnis. Sie sind der Schuldige, denn Sie sind ja nicht einmal ausgebildeter Pfleger.« Auch Johnny sah das Problem, zumal nach dem Vorfall mit der Blaseninfektion.

Aber die Verhältnisse, unter denen Johnny nun leben mußte, bedrückten mich. Die Versuche, im Guten mit den vermeintlichen Schwestern zu sprechen, scheiterten kläglich. Erst später erfuhr ich, daß zumindest einige von ihnen sich ihren Lebensunterhalt hauptsächlich zwar in Betten, aber nicht mit Bettenmachen verdienten. Auf meine Forderungen, Johnny anständig zu behandeln, erhielt ich nur schnippische Antworten. Die Ignoranz und lächelnde Borniertheit des Heimleiters angesichts des menschlichen Elends in seiner Einrichtung brachten mich soweit, auf ihn loszugehen – er mußte sich in seinem Büro vor mir einschließen, die Tür mit seinem Schreibtisch verbarrikadiert. Schließlich gelang es, für Johnny einen Platz in einem Rehabilitationszentrum in Mainz zu bekommen. Dort lebt er noch heute; inzwischen hat Johnny sogar eine Ausbildung als Sozialpädagoge absolviert.

Es muß 1968 gewesen sein. Am Rudolfplatz blockierten Studenten die Kreuzung. Autos hupten, Straßenbahnen schellten, auf den Straßen berittene Polizei und Wasserwerfer. Die Gesellschaft – nach den Jahren der Nazi-Barbarei unter einer konservativen Regierung in die Demokratie geführt – hatte keinerlei Verständnis für die nach Erneuerung rufende Jugend. Die Ordnungsmacht griff hart durch: Martinshörner,

Megaphone, es flogen Steine und Flaschen. So etwas hatten wir noch nicht erlebt. Die Mehrzahl der Studenten machte auf mich einen intellektuellen Eindruck, in den Gesichtern die Entschlossenheit zorniger junger Menschen. Die Straßenbahn Richtung Bocklemünd stand am Rudolfplatz, nervös und ratlos fragte ich mich: Was mag das werden? Mit einem Mal gab es hinter mir ein Krachen, eine große Scheibe zersplitterte in tausend Scherben, und ein Pflasterstein polterte in den Wagen. Ich packte meinen Galoppwechsler, meine Tasche und warf mich auf die Erde. Zwei, drei Tage dauerten die Unruhen, die damals die ganze Stadt erschütterten.

Weitaus unangenehmer waren andere »Unruhen«. Sie brachen in schöner Regelmäßigkeit aus, aber kein Sturm der Entrüstung schwoll an. Wenn im Stadion große Fußballspiele stattfanden, herrschte für uns Schaffner Ausnahmezustand. Pöbelnd, grölend und stinkbesoffen, benahmen sich viele der Fußballfans, als hätten sie noch keinerlei Bekanntschaft mit den Errungenschaften zivilisierter Umgangsformen gemacht. Vermeintlich brave Bürger, unterdrückte Ehemänner und duckmäuserische Angestellte, die sonst auf Recht und Ordnung halten, betrinken sich und behelligen ihre Mitmenschen, um so ihr Mütchen zu kühlen. Daß die Menschen keinen Stolz haben! Schon in Haiger machte ich die Beobachtung, daß es den meisten Fußballbegeisterten kaum um den Sport gehen konnte. Sie tranken, und am Ende rauften sie sich wie die Bürstenbinder. Manchmal jagten sie den Schiedsrichter durch den ganzen Ort, und schütteten sich zu, bis an den Rand des Komas. Unbegreiflich.

Seit Jahren schon sorgten die finanziellen Defizite der KVB für Schlagzeilen. Wir Schaffner waren besorgt. Es dauerte nicht lange, und die ersten Gerüchte machten die Runde: Die Einrichtung des »Ein-Mann-Betriebes« sei geplant. Neben dem Fahrer waren lediglich automatische Fahrkartenentwerter vorgesehen, Schaffner glaubte man entbehren zu können. Übrigens entgegen dem Versprechen, das man uns bei Dienstantritt gemacht hatte und das uns eine Lebensstellung verhieß. Auch deswegen hatten wir jahrelang klaglos unseren Dienst versehen, Überstunden und Feiertagsdienste geschoben, fortdauernd in zugigen und klapprigen Wagen gearbeitet, waren im Sommer der Hitze und im Winter der Kälte ausgesetzt – und das alles für einen mageren Lohn. Bald erhärteten sich die Gerüchte: Es sollte uns an den Kragen gehen. Über eintausend Mitarbeiter wurden mit der Betriebsumstellung 1968 überflüssig. Hektisch suchten Sachbearbeiter in der Personalabteilung nach Kündigungsgründen wie unentschuldigtem Fernbleiben, Unzuverlässigkeit oder unverhältnismäßig vielen Krankmeldungen, um so schon im Vorfeld die Abfindungszahlungen zu verringern. Vielen von uns bot man andere Beschäftigungen an, als Verkäufer oder im Wartungsdienst für die neuen Fahrkartenautomaten. In der Abgeschiedenheit einer dunklen Werkstatt an verklemmten Automaten herumzupfriemeln, das war für mich eine grauenhafte Vorstellung. Ich brauchte Licht, Menschen um mich und eigentlich immer schon – eine Bühne.

Ich akzeptierte keines der Angebote der Direktion, obwohl man mir zuredete wie einem kranken Pferd. Schließlich lud man mich zu einem letzten Gespräch, und mein Vorgesetzter fragte mich, mühsam um Fassung ringend: »Wie stellen Sie sich das vor? Bilden Sie sich ein, wir werfen nur Ihretwegen unser ganzes Konzept über den Haufen und setzen speziell für Herrn Götting noch eine Straßenbahn mit Schaffner ein?«

»Ja, das verlange ich von Ihnen. Ich habe mich als Schaffner beworben, ich bin als Schaffner eingestellt worden, und Sie haben mir eine Lebensstellung versprochen. Und was man verspricht, muß man halten, so einfach ist das.«

Das waren meine Gedanken damals, und so falsch kann ich es noch heute nicht finden. Die ganze Rationalisierung widersprach zutiefst meinem Gerechtigkeitsgefühl. Genutzt hat es freilich nichts. Der Direktor warf mich schlankerhand hinaus, und kurze Zeit später mußte ich unter »freiwilligem

Zwang« meine Kündigung unterschreiben. Noch immer verüble ich der Gewerkschaft ÖTV, daß sie sich mit dieser Umstrukturierung einverstanden erklärte.

Das einzige, was mir blieb, war die Schaffneruniform. Vielleicht die letzte ihrer Art, ist sie – original erhalten – bis heute Teil meiner Sammlung.

Die Stadt Köln war die erste Großstadt, in der die Schaffner weichen mußten. Vom Rhein aus trat der »Ein-Mann-Betrieb« seinen Siegeszug um die Welt an. Die Folgen sind heute mit Händen zu greifen: Ein Heer von Schwarzfahrern und tagtäglich gewalttätige Übergriffe auf Fahrgäste. Manches Mal, wenn ich von Belästigungen und Vandalismus in Straßenbahnen in der Zeitung lese, denke ich: mit Schaffner wär das nicht passiert!

Ich stand mal wieder ohne Job da. Doch der Zufall in Gestalt einer alten Freundin aus Siegener Tagen kam mir zu Hilfe. Sie hatte nicht nur ein Faible für schwarze Männer, sondern kannte auch den Chef des Chicos Bongitt, des bekanntesten Clubs für Farbige. Sie legte bei ihm ein gutes Wort für mich ein, und zufällig suchte Chico gerade einen Kellner. Als ich den Laden betrat, hatte ich für Sekunden das Gefühl, ich wäre mitten im Busch, im tiefsten Kral gelandet: Lehmhütten mit Strohdächern blickten mich an, über die Tische hatte man Grasdecken gebreitet.

Die gläserne Tanzfläche wurde von unten beleuchtet, kolossale Lautsprecher sorgten für ohrenbetäubende Musik. Am Wochenende glich der riesige Laden einem quirligen Basar. Jeder, der den Duft der weiten Welt schnuppern, jeder, der mal etwas ganz anderes erleben und sein Ohr am Puls der Zeit haben wollte, gab sich im Chicos ein Stelldichein: Schwarze aus allen Ländern Afrikas – Kellner, Bonner Botschafter mit ihrem Mitarbeiterstab, Studenten, Reisende. Dazwischen Italiener, Spanier, Portugiesen, Jugoslawen und neugierige Kölner.

Schon bald lernte ich die Mentalität der verschiedenen Gruppen kennen. Die Nordafrikaner erschienen mir als besonders *dangereuse*. Algerier, Tunesier und Marokkaner konnten unglaublich charmant sein, jedenfalls, wenn sie etwas wollten. Aber ihre Macho-Allüren und ihre aufbrausende, mitunter gewaltbereite Art unterschied sie deutlich von den wesentlich umgänglicheren Schwarzafrikanern. Die Deutschen, die hier verkehrten, waren vornehmlich weiblichen Geschlechts und – warum auch immer – meistens Krankenschwester von Beruf.

Schon in den frühen siebziger Jahren legte der Diskjockey Reaggae auf – Bob Marley war in Deutschland noch lange nicht entdeckt. Auch Soul war damals in keiner Diskothek zu hören – außer bei uns. Gelegentlich erklang auch afrikanische Live-Musik, oder Chico tanzte, nur mit einem Tigerhöschen angetan, Limbo.

Oft genug fielen die großen Seeberg-Boxen aus, und wir Kellner schlugen, während wir zwischen Tischen und Theke herumwieselten, fortwährend auf die Lautsprecher, damit sie weiterdröhnten. Das bunte Völkergemisch, die wilden Rhythmen aus den altersschwachen Lautsprechern sorgten für Highlife, auf der Tanzfläche zuckten die Leiber zu James Brown, Stevie Wonder und den Supremes.

Über der Box des Diskjockeys stand in großen Lettern UHURU, das ist Suaheli und heißt Frieden. Eine besonders illustre Gesellschaft versammelte sich an Chicos Tisch nahe der Tanzfläche: vor allem durchsichtige Damen und undurchsichtige Ehrenmänner. Besonders friedlich sahen sie nicht aus.

Chico war ebenso faszinierend wie gerissen, auf Frauen schien er einen unwiderstehlichen Reiz auszuüben, wie wild umschwärmten sie ihn, und Chico war selten abgeneigt. Rohe Eifersuchtsszenen wechselten sich ab mit Auftritten der vielen Mütter kleiner Chicos, die Alimente forderten und ihrem Begehren Nachdruck verliehen, indem sie mit Gläsern warfen oder Schreikrämpfe bekamen.

Jedes Jahr am 6. Dezember veränderte sich unser Publikum für ein paar Stunden schlagartig. Chico richtete eine

Nikolausfeier aus, lud Waisenkinder und Kinder von deutschen Müttern und afrikanischen Vätern ein. Lauter buntgemischte Rangen, über deren Familienverhältnisse man nur spekulieren konnte, plapperten durcheinander. Jetzt wirkte sogar die Friedensinschrift glaubwürdig. Ich kochte in der kleinen Kochnische Kakao, wir lasen Weihnachtsgeschichten, der Portier spielte den Nikolaus – und das alles in der Negerkral-Dekoration.

Knapp vierhundert Leute fanden in dem Tanzschuppen Platz; bei diffusem Licht, das von matten Scheinwerfern und den Kerzen auf den Tischen herrührte, floß der Whisky wie ein einziger fortwährender Strom. Auch unser Stammgast Jenny sprach ihm eifrig zu. Was sie nicht wußte, war, daß aus den Johnny-Walker-Flaschen, die sich hinter dem Tresen aufreihten, schon lange kein Johnny Walker mehr ausgeschenkt wurde. Auf Geheiß des Chefs hantierten wir vor der Öffnung des Lokals immer mit dem billigen Jakob-Stück-Whisky, einem Trichter und den leeren Johnny-Walker-Flaschen herum.

Eines Abends stand Jenny bester Dinge an die DJ-Box gelehnt und belud sich mit Whisky. Der Diskjockey brachte mit dem einzigen noch funktionstüchtigen Plattenspieler den Saal zum Kochen, die Tanzfläche war rappelvoll. Jenny stieg derweil das billige Jakob-Stück-Gesöff zu Kopfe, ihre Knie wurden weich, in Zeitlupentempo fiel sie nach hinten, in ihrer Not langte sie in Richtung Plattenteller, griff zunächst ins Leere, faßte nach, bekam den Tonarm zwischen die Finger, wollte sich halten, grapschte erneut, stürzte dennoch. Den Tonarm mit ein paar ausgerissenen Kabeln in der Hand, lag sie mitten im Lokal. Statt heißer Rhythmen nur Stimmengewirr im Saal. Noch ehe sie aufstehen konnte, hatte der DJ ihr schon eine gescheuert. Da geriet Jenny in Rage, hastete zur Theke, wo massenhaft Gläser standen, und übte Rache: Sie nahm die Friedensgesellschaft rund um Chicos Stammtisch ins Visier, und mit der überraschenden Geschwindigkeit, zu der Betrunkene mitunter fähig sind, feuerte Jenny Gläser.

Den halbseidenen Herren mit den Gelenkkettchen flogen halbleere Drinks um die Ohren, Glas splitterte krachend, Frauen schrien, Männer fluchten, die mehr oder weniger echten Pelze der mehr oder weniger echten Damen sahen binnen kürzester Zeit aus, als seien sie samt ihren Eigentümerinnen in eine Waschstraße geraten. Es gab einen Riesenskandal, Jenny bekam Hausverbot und ich Bauchkrämpfe vor Lachen.

Nachdem ich mich beruhigt hatte, Jenny rausgeflogen war und die Thekenkräfte begannen, den Verwüstungen zu Leibe zu rücken, wurde uns klar, daß der Abend ohne Musik endgültig im Eimer wäre. Ich raste los, holte mein altes Koffergrammophon und spielte Schellack-Platten: Die Leute amüsierten sich königlich, Schwarze tanzten zu Schlagern aus den Dreißigern.

Die Mogelei mit dem Whisky kam übrigens nie ans Licht. Selbst noch Jahre später seufzte eine Kölnerin, während sie sich das Haar auftoupierte und ahnungslos mit ihren falschen Wimpern klimperte: »Wenn ich zu Hause Johnny Walker trinke, bekomme ich davon nie solche Kopfschmerzen wie damals im Chicos. Sag, Hermann, bin ich schon zu sehr an den Alkohol gewöhnt?« Ich konnte die Arme beruhigen.

Wir Kellner waren aber auch raffiniert gewesen: Jedes Mal, wenn wir die Flaschen aufdrehten, imitierten wir das typische Knacken durch das Knirschen unserer Zähne.

Soul-Food hieß die einzige »Speise«, die man im Chicos bestellen konnte. Ich nannte dieses Erzeugnis unserer handtuchgroßen Küche »Hühnerknochen mit Reis«. Das hörte Chico nicht gern, schließlich kochte der Chef persönlich. 3,95 Mark kostete das exotische Gericht. Die Reste blieben in den Töpfen – bis zum nächsten Wochenende. Bevor Chico dann wieder seine an den Voodookult gemahnenden Kochkünste spielen ließ, mußten sie von dicken Schimmelschichten befreit werden. Ich aß im Chicos nur Mitgebrachtes.

Frau Langenkamp, Putzkraft, Toilettenfrau, gute Seele des Chicos Bongitt und von allen nur »Mutti« gerufen, schüttelte jedes Mal den Kopf: Sie hatte gewischt und gewienert wie der weiße Wirbelwind. Wenn wir öffneten, sah der Laden aus wie geleckt. Ein paar Stunden später befielen den eintretenden Gast bereits düstere Ahnungen von Krieg, Verwüstung, Plünderung und Chaos. Mit der sauberen Wohlanständigkeit der frühen sechziger Jahre wie damals im Barberina oder Sombrero hatte das alles schon lange nichts mehr zu tun. Man fühlte sich erst richtig wohl, wenn selbst die entfernteste Ähnlichkeit mit deutscher Wohnzimmergemütlichkeit verflogen war. Die Studentenbewegung, die Flower-Power-Welle und die Hippies verschreckten die Bürger und legten größten Wert auf diese Wirkung. Unordnung war Attitüde, Ausdruck der Gesinnung von Freiheit und am Ende Rache an den Eltern.

Mutti Langenkamp, unumschränkte Fürstin im Reich der Tropfsteinhöhlen, griff, wenn es zu Dramen kam, und es kam öfter zu Dramen, in aller Ruhe zu ihrer zu diesem Zweck eigens präparierten Zeitung und beobachtete durch ein daumennagelgroßes Loch, wer mal wieder seine Frau, Liebhaberin oder ehemalige Gespielin verbimste.

Die Langenkamp hielt sich raus, erging sich bestenfalls in einem Sturzbach zungenfertiger Lästerungen: »Hat doch gar keinen Zweck, in zwei Tagen sind die sowieso wieder ein Kopp und ein Arsch.« Wurde es doch mal so wüst, daß die Polizei einschreiten mußte, mimte sie die Ahnungslose und konnte zur Klärung des Sachverhalts nichts beisteuern: »Hinter meiner Zeitung habe ich gar nichts mitbekommen, Herr Wachtmeister.«

Im Probenkeller des Chicos Bongitt, das wunderte mich von Anfang an, war immer ein Kommen und Gehen – Musik drang selten durch die schwere Eingangstür. Ich hatte ein ungutes Gefühl, aber nicht mal Frau Langenkamp konnte sich das mysteriöse Treiben erklären. Und Mutti hörte normalerweise das Gras wachsen. Erst nachdem es das Chicos längst nicht mehr gab, begriff ich, daß dort LSD, Captagon und so ziemlich alles, was die Chemieküchen hergaben und was verboten war, über den Tisch ging. Das bescherte uns nicht nur zusätzliche Kundschaft, sondern vor allem Razzien. Plötzlich standen zehn Uniformierte und mindestens genauso viele Zivile im Saal. Das Deckenlicht flammte auf, die Musik verstummte schlagartig, und die Beamten kontrollierten die Ausweise der Gäste. Die meisten ließen das Prozedere mit stoischer Gelassenheit über sich ergehen, nicht so die Versammlung an Chicos Friedenstisch. Die hatte sich zu Mutti geflüchtet, dort nämlich war ein kleines Fenster, und die Ganoven aus Chicos Tafelrunde waren längst ausgebüchst, wenn die Polizisten die Aborte erreichten. Mutti Langenkamp war natürlich in die Zeitung vertieft.

Einige der Damen des horizontalen Gewerbes, die es nach getaner Arbeit ins Chicos verschlug, lernten Johnny kennen und schlossen ihn in ihr Herz. Sie arbeiteten im Café Wolschke auf der Friesenstraße. Damals lebte das Kölner Milieu dort seine Eigenarten noch auf offener Straße aus. Neugierig geworden, sah ich mir das Café Wolschke mal näher an. Sauber und adrett, dachte ich. Das blitzblank geputzte Schaufenster wurde fast völlig von einem riesengroßen Korb mit einem aufwendigen Schnittblumenarrangement ausgefüllt, blütenweiße Raffgardinen umrahmten das Gebilde. Gleich am Eingang befand sich die Theke, von dort blickte man in einen länglichen, eleganten Raum. Schnell war auszumachen, daß die Gäste dieses Cafés mehr wollten als Kaffee und Kuchen. Während ich mit einigen der Frauen, die ich aus dem Chicos kannte, angeregt klönte, fiel mir auf, daß die Damen nur auf der einen Seite des Cafés saßen. Bald begriff ich den Grund: Als zwei Herren das Lokal betraten, kam Unruhe auf, mit professionellem Griff ordnete diese noch schnell ihr Haar, strich sich jene den kurzen Rock glatt. Nachdem die Gäste bei den Serviererinnen Frau Koch, Frau Teha und Frau Nürnberg – sie gingen immer wie aus dem Ei gepellt, trugen gestärkte weiße Schürzen und sahen von hinten mit den großen Schleifen aus wie Pralinenschachteln – ihr erstes Getränk bestellt hatten, gesellten sich die Damen zu ihnen. Es wurde geplaudert – »Konversationsakrobatik« heißt das in eingeweihten Kreisen – und etwas verzehrt. Wenn Freier und Dame handelseinig geworden waren, verabschiedete die Chefin ihre Gäste, die sich in die nahegelegenen Absteigen der jeweiligen Damen zurückzogen.

Frau Asmussen verdiente nicht schlecht dabei, und auch die Damen machten ein gutes Geschäft. Das meiste Geld trugen sie übrigens nur wenige Meter weiter: Am Rudolfplatz und in der Ringpassage residierten exquisite Boutiquen. Das Café lief wie geschmiert und der »Wackel« (Strich) auf »der Friesen« auch. Natürlich waren sich die Bordsteinschwalben und die Café-Damen alles andere als grün. Wenn sich eins der leichten Mädchen auch nur im Eingang des »Wolschke« blicken ließ, kam es schon mal zu Handgreiflichkeiten – Eleganz verpflichtet und will verteidigt sein.

Als ich den Wolschke-Damen erzählte, daß Johnny nach seiner Blaseninfektion dem Tod noch mal so eben von der Schippe gesprungen und ins Krankenhaus verlegt worden war, sammelten sie spontan unter ihren Kolleginnen. Zwei von ihnen besuchten ihn und bauten vor Johnny einen großen Tisch mit Geschenken auf. Hut ab vor den Damen der leichten Muse! Weil ihnen nichts Menschliches fremd war, konnten sie Johnny ohne Scheu begegnen. Diese Unbefangenheit Behinderten gegenüber – die sonst allenfalls vom Wegsehen bekannt, abgeschoben in Heime vor den Toren der Stadt, vergessen bei der Gestaltung unserer Umwelt, zur Kapitulation verurteilt vor gedankenlos eingefügten Treppenstufen, Hilfe suchend und dennoch übersehen von geschäftigen Passanten, die beschämt und befangen ihre Blicke senken –, diese Unbefangenheit legten die Wolschke-Damen ohne jede Attitüde an den Tag. Ich war so begeistert, daß ich seitdem immer eine Liebe habe für Prostituierte, die oft – nicht alle, ich weiß – Herzen haben wie Scheunentore so groß. Ihnen glaube ich ihre Toleranz, die sie nie pathetisch für sich reklamieren, weit eher als den Sonntagsrednern aus der Politik.

* * *

Die Jahreszahl ist der Vergessenheit anheimgefallen. Ich weiß nur noch, es war Silvester, irgendwann zu Beginn der Siebziger. Angetan mit Frack und Zylinder versah ich im Chicos Bongitt meinen Dienst. Kurz nach Mitternacht begann eine Schlägerei. Warum, wieso – keine Ahnung. Binnen kürzester Zeit flogen Tische und Bänke im Saal gefährlich tief. Zu allem Überfluß streikte unser Telefon. Gitta, Chicos damalige Frau, die später unter mysteriösen Umständen auf der Reeperbahn erschossen wurde, bahnte sich mit gezücktem Damenrevolver den Weg zur Ausgangstür, um aus einer Telefonzelle die Hilfe der Polizei anzufordern. Es dauerte nicht lange, und die Saalschlacht tobte unter freiem Himmel weiter: Leere Weinflaschen und Schottersteine aus dem Gleisbett der Straßenbahn zischten durch die Silvesternacht, die Fensterscheiben der Boutiquen am Zülpicher Platz gingen zu Bruch, und die Verfolgungsjagd tobte hinunter bis an den Barbarossaplatz. Morgens um vier schließlich war der Spuk vorbei, die Hitzköpfe auf der Polizeiwache. Meine Kollegin Renate und ich standen mal wieder buchstäblich vor einem Scherbenhaufen. Bis morgens um acht schleppten wir Bruchstücke von Fensterscheiben, fegten Splitter zusammen und ordneten die wenigen Stühle, die dieses apokalyptische Furioso überstanden hatten, ohne dabei ihrer Beine beraubt zu werden. Während der Aufräumungsarbeiten wurde ich plötzlich die Beute durchgreifender Verstimmung, eines Katzenjammers, der an Verzweiflung grenzte. Leicht lädiert sah ich Renate an und sagte: »Ich halt das hier nicht mehr aus.« Renate seufzte tief: »Wenn das so weitergeht, werde ich bekloppt!« Damals ahnten wir beide nicht, daß Renates – unerwiderte – Liebe zu Chico sie tatsächlich einmal ins Irrenhaus bringen würde.

Das Ende des Chicos kam über Nacht. Schlaftrunken griff ich zum Telefonhörer. Die Stimme der gläserwerfenden Jenny am anderen Ende der Leitung überschlug sich: »Hermann, Hermann, im Chicos brennt's!« Als ich ankam, quollen dicke Rauchwolken aus dem Lokal, war die Disko durch den Schwelbrand bereits verwüstet. Chico und der Besitzer des Hauses beschimpften sich unflätig und bezichtigten sich vor der Polizei gegenseitig, die »heiße Renovierung« verursacht zu haben.

Selber durch meine Arbeit im Chicos zum Nachtschattengewächs geworden, lernte ich zu dieser Zeit, etwa Mitte der siebziger Jahre, einige Travestiegrößen der Republik kennen: Bob Lockwood, Ivana, Gloria Fox, Coco La Fontaine, France Delon, Pepa Darena, Conny Nelson, Nadja Taylor, Petra Dorén, Domino, Shirley Santos, die legendäre Everest vom Berliner Chez Nous und Christina aus Holland, die sich, wenn jemand Anzügliches zum besten gab, jedesmal entsetzt ans Collier griff.

Ich traf sie im Why not, das damals als das Dorado der Herren-Damen galt. Manches Mal, wenn die ersten Kölner sich bereits auf den Weg zur Arbeit machten, ließen wir den Abend bei mir in der Wohnung ausklingen. Sie, die Außenseiter, die nicht dazugehörten, die allenfalls im rauschend funkelnden Straßkostüm auf den Applaus der Bürger rechnen durften, sie, denen die Bühne alles bedeutete, die oft genug ängstlich und komplexbeladen im Harlekinesken ihre Überlebensstrategie gefunden hatten, landeten im Morgengrauen in meiner Küche. Zerfledderte Paradiesvögel auf Rast. Ich warf meinen gußeisernen Kohlenherd an und kochte Gemüsesuppe. Bei den leisen Gesprächen wurden die Gesten kleiner, fielen Attitüde und Allüren ab. Vertrauen schaffte den Raum für Liebeskummer und Kindheitsgeschichten, für die kleinen Dramen und großen Traurigkeiten. Wir gaben uns Halt, da wurde selbstverständlich, was sonst allenfalls toleriert. Und auch die Momente, wenn die Musik noch einmal aufgedreht wurde, Phantasien über die nächsten traumhaften Auftritte, neuen Kostüme und am Ende den großen Erfolg uns mitrissen, alle durcheinander redeten und Gelächter den Raum erfüllte, waren wunderschön.

Weil die Nachbarn für unsere aufgedrehte Müdigkeit kein Verständnis hatten – von oben klopfte es, ein Hausgenosse rief ständig die Polizei, nebenan hämmerte eine wütende Mieterin an die Wand, und durchs Telefon mußte ich mir wüste Beschimpfungen anhören – verpaßte eine Freundin der Wohnung den Namen: Burg Schreckenstein.

***

Leuchtreklamen blinkten, Losbudenverkäufer schrien, Lautsprecherboxen dröhnten, die Leute in der Achterbahn kreischten, es roch nach gebrannten Mandeln und Pommes frites. Das Tivoli, zu Beginn der siebziger Jahre der ultimative Vergnügungspark am Rheinufer, hatte eröffnet. Hier traf ich Ralf. Er kam mir entgegen, Blicke verfingen sich, ich handelte sofort: »Verzeihung, kennen Sie sich hier aus? Die Dame an meiner Seite muß austreten, und weiß nicht, wohin.« Das war zwar nicht besonders originell, aber es gibt Gelegenheiten, die man beim Schopf packen muß, egal wie – besser, als sie ungenutzt verstreichen zu lassen. Lachend antwortete er.

Ich glaube, es war Liebe auf den ersten Blick. Zum ersten Mal war ich zu allem bereit, bald wohnten zwei Ritter auf Burg Schreckenstein. Doch nicht lange. Wir vertauschten die Burg mit einem Schloß – Schloß Höhenflug nannten Freunde unsere neue, zweihundert Quadratmeter große Wohnung in der Richard-Wagner-Straße 4. Die Zimmer waren stattliche viereinhalb Meter hoch, der Flur respektable dreiundzwanzig Meter lang und die Gesimse an den Türen und Stuckdecken von einem Reichtum, wie ich ihn danach nie wieder gesehen habe.

Allein, der Zustand dieser prächtigen Räume war beklagenswert: Monatelang wuschen wir die Stuckmedaillons, kratzten Schnitzarbeiten von Farbresten frei, arbeiteten mit Nagelfeilen, Schraubenziehern und dicken Quasten. Die reservierten Blicke der anderen Mieter des Hauses nahmen wir nicht wahr. Erst viel später erfuhr ich, daß die Hausbesitzerin alle Mietparteien gefragt hatte, ob sie etwas dagegen hätten, wenn zwei Männer einzögen, die in einem eheähnlichen Verhältnis miteinander lebten. Die meisten werden im ersten Moment nicht begriffen haben, was sie damit meinte: Niemand erhob Einspruch. Als bei den Mietern der Groschen schließlich gefallen war, bekamen wir über Jahre deren Mißgunst und Argwohn in unzähligen Beschwerden zu spüren.

Unser Einsatz an der Renovierungsfront hatte sich gelohnt: Über einem Fenster zeigte sich der Deutsche Reichsadler mit dem Kölner Wappen in der Kralle wieder als vollendete Stukkateursarbeit; ebenso die Vier Jahreszeiten im großen Salon, und Medaillons mit römischen Kriegern und mehrere Drachenköpfe gaben der Wohnung tatsächlich eine schloßartige Atmosphäre. Manches Mal standen Ralf und ich, wenn unser Maria-Theresia-Leuchter mit seinen sechsunddreißig Birnen brannte, auf der gegenüberliegenden Straßenseite auf dem Gehweg, hakten uns ein und sahen glücklich hinauf.

Meine Gäste entführte ich in die Vergangenheit: Im von Kerzen erleuchteten Speisezimmer schmückten Damastdecken den Tisch, Kristall funkelte, kostbares Porzellan und Jugendstil-Besteck blinkten matt, in der Mitte triumphierte eine Nymphenburger Tischdekoration von 1880. Ralf, ein Genie in Küche und Haushalt, dekorierte mit weißen Stoffservietten und Serviettenringen, kochte mehrgängige Menüs und servierte mit weißen Handschuhen. Solches, für manche vielleicht arg überspannt wirkendes Gebaren ist für mich nie Selbstzweck gewesen. Denn jede noch so schöne Inszenierung, jedes noch so schöne Zimmer wird erst lebendig, wenn Menschen daran teilhaben. Deshalb liebe ich es, Gastgeber zu sein: Wenn die Stimmen sympathischer Menschen meine Räume erfüllen, ist das mein Schönstes.

Jeden Sonntag klingelte es an meiner Wohnungstür. Jour fixe auf Schloß Höhenflug. Eine illustre Gesellschaft versammelte sich um den großen gedeckten Tisch: Schauspieler, Schlagersternchen, Tänzerinnen, Transvestiten, Modeschöpfer, Journalisten. Da kam die alte Ballettmeisterin mit dem Nachtclubchef ins Gespräch, oder die renommierte Journalistin tauschte mit der Fummeltrine Schminktips aus. Im Hintergrund liefen leise Bach-Stücke oder die Wassermusik von Händel – ein besonderer Hit war Anfang der siebziger Jahre Johann Sebastian, mit Jazzelementen durchsetzt und neu arrangiert von Jacques Loussier – Play Bach. Die Speisen, die ich reichte, waren bescheiden, meine Mittel wie stets begrenzt. Den Wein kredenzte ich in sündhaften Karaffen, das machte ihn nicht besser, wie mancher von uns, kopfschmerzenbeschwert, feststellen mußte. Beim Mokka oder Likör begann die Gesellschaft zu zirkulieren, man wechselte die Plätze, besuchte einander, hospitierte mal hier, mal dort, während andere seßhaft blieben, dem zweifelhaften Wein weiter zusprechend. Die Gespräche drehten sich um Literatur, Theater, Politik und manches Mal einfach nur um die ewig aktuelle Frage: wer mit wem.

Ralf und ich führten unsere Wohnung wie einen Salon. Die anwesenden Künstler gaben Kostproben ihres Könnens, es wurde musiziert, gesungen und vorgelesen. Wenn die Leute aufbrachen, gab's ein Küßchen links, ein Küßchen rechts, schöne Grüße an den Gemahl und die Frage: Dürfen wir nächstes Mal wiederkommen?

Im kleinen Salon lud ich hin und wieder zur Teatime oder Kaffeestunde – meinen Tee ebenso wie meinen Kaffee bereitete ich mit Wasser zu, das ich mir in großen Tonbehältern aus der Eifel mitbringen ließ. Vor den Augen meiner Gäste mahlte ich die Kaffeebohnen mit einer großen alten Handkaffeemühle, die Kannen wurden mit heißem Wasser ausgespült, und dem Kaffeepulver fügte ich immer eine Prise Salz und einen Teelöffel Kakao zu. Im Zeitalter der Kaffeemaschinen beherrscht ja kaum noch jemand die Kunst des Kaffeekochens: erst mit kochendem Wasser aufbrühen, zwei bis drei Minuten ziehen lassen, dann erst das restliche Wasser auf den Filter gießen.

Über mein Geschirr, die Möbel, aber auch die Handkaffeemühle erzählte ich gerne die Geschichten, die mit diesen Alltagskulturgütern verbunden waren. Die fertig gebrühten

Getränke wärmte ich auf einem kleinen Stövchen aus Gußeisen. Es war uralt und hatte früher einmal – gefüllt mit glühenden Holzkohlen – den Marktfrauen als Wärmequelle gedient. In der kalten Jahreszeit, diskret verborgen unter weiten langen Röcken, schützten sie die Frauen vor Blasenkatarrh und kalten Füßen.

Ankündigung einer Chansonette

Sie ist nicht sehr schön. Doch es kommt nicht drauf an.
Ohne Schönheit geht's auch.
Sie ist eine Frau. Und steht ihren Mann.
Und hat Musik im Bauch.

Sie kennt das Leben in jeder Form.
Sie kennt es per Du und sie kennt es per Sie.
Ihre Lieder passen in keinen Salon.
Höchstens die Melodie.

Sie singt, was sie weiß. Und sie weiß, was sie singt.
Man merkt das am Gesang.
Und manches, was sie zum Vortrag bringt,
behält man jahrelang.

Sie pfeift auf das mühelose C.
Und ihr Ton ist nicht immer rund.
Das Herz tut ihr manchmal beim Singen weh.
Denn sie singt nicht nur mit dem Mund.

Sie kennt den Kakao, durch den man uns zieht,
genausogut wie wir.
Und sie weiß zu dem Thema so manches Lied.
Und ein paar davon singt sie hier.

Dora Dorette, die diesen Kästner-Text in ihr Programmheft genommen hatte, betrat die Bühne in einem schlichten schwarzen Kleid. Es bedurfte nicht mehr als eines Scheinwerfers, um diese Diseuse alter Schule ins rechte Licht zu setzen. Eine schwere Boa, die ihren Leib fast vollständig bedeckte, ein Schleierhut und Handschuhe reichten, um zu illustrieren, was sie mit ihrer wohl einmaligen Aura, ihrer Stimme und ihrer Gestik zum Ausdruck brachte. Auch im hohen Alter verkörperte sie glaubwürdig den Vamp – und man munkelte, sie wäre in jungen Jahren ein ziemlich heißer Feger gewesen. Die alte Dame des Chansons erzählte oft bei ihren Auftritten, daß Erich Kästner, Kurt Tucholsky, Robert T. Odemann und Klabund ihr einige ihrer Texte direkt auf den Leib geschrieben hätten. Ob es stimmt, weiß keiner. Wir wollen ihr glauben.

Kennengelernt hatte ich sie in der Schatztruhe, ebenfalls einem einschlägigen Lokal, sie war gerade von einer Bädertournee zurückgekehrt, und ich spürte gleich: diese Frau gehört zu den wenigen Diseusen von Rang. Ich war fasziniert. Die Dorette hatte eine ungewöhnlich starke Bühnenpräsenz; wenn sie das Lied »Mutterns Hände« von Kurt Tucholsky vortrug, konnte sie dem eben noch erheiterten Publikum Schauer der Ergriffenheit über den Rücken jagen. Jedes Stück, ob es der »Brief einer verheirateten Frau« von Werner Finck, die »Ballade über die Frauen von Paris« von François Villon oder »Die frigide Frau« von Erich Kästner war – die Dorette vermochte es zu verkörpern. Alle ihre Chansons und Couplets erschienen als Ausdruck ihrer selbst. In wen auch immer sie sich auf der Bühne verwandelte, sie blieb stets sie selbst. Ich lauschte all ihren Konzerten in der Stadt, manchmal fuhr ich ihr sogar nach.

So unumstritten ihre künstlerische Leistung, so schwierig war sie im persönlichen Umgang. Oft schlechtgelaunt, hatte sie für ihre Kolleginnen nie ein gutes Wort übrig – von Lale Andersen bis Margot Hielscher hielt sie so ziemlich jeden, der auf deutschen Bühnen sang, für einen Dilettanten. Dennoch suchte ich ihre Nähe, schaute häufiger bei ihr vorbei, half ihr beim Hausputz oder erledigte Einkäufe. Zur Begrüßung, noch im Flur, bot sie mir auf einem Zinnlöffel einen Genever an. Im Anschluß daran versuchte ich sie dazu zu bewegen, aus ihrem Künstlerleben zu erzählen, sie kannte Fritzi Massary, Paul O'Montis und die Mutter von Caterina Valente – eine wahre Schatztruhe für Bühnengeschichten und Künstleranekdoten.

Schon in den dreißiger Jahren tingelte sie durch die Musentempel Deutschlands, im Krieg sang sie an der Front vor Wehrmachtssoldaten. Ansonsten – war sie die einzige? – gab sich die Dorette, was die NS-Zeit anging, außerordentlich zugeknöpft. Sie berichtete lediglich, daß einige ihrer Texte geändert werden mußten und sie sich nicht mehr Diseuse nennen durfte, sondern als »Vortragskünstlerin« auftreten mußte.

Als ich auf dem Flohmarkt eine große Foto- und Autogrammkartensammlung aus dem Kölner Varieté und Musentempel Kaiserhof von der ehemaligen Garderobiere Frau Rett erworben hatte, begab ich mich zu Dora Dorette und fragte sie nach Namen, Hintergründen und Geschichten der abgebildeten Künstler. Denn gerade die Geschichte der Kleinkunst ist kaum dokumentiert, Nachlässe, Bilder, Plakate, Noten und Verträge wandern mit dem Ableben der Artisten auf den Müll. Das Lachen, das die Künstler jahrzehntelang verschenkten, die Mittel, mit denen sie ihre Zuschauer in Spannung versetzten, die Bewunderung und der Applaus, die ein Publikum ihnen einmal gezollt hatten – verweht, vergessen. Deshalb war es mir wichtig, soviel wie möglich über die auf den Autogrammkarten abgebildeten Künstler zu erfahren. Dora Dorette wiegte ihren grauen Pagenkopf, schürzte die Lippen, sah kurz auf das Foto, das ich ihr gerade vorlegte, und sagte nur: »Kenne ich nicht.« Wohl fünfzig Mal. Zwischendurch herrschte sie mich an: »Was wollen Sie überhaupt von mir? Wollen Sie sich mein Gedankengut erschleichen?« Am Ende blickte sie zur Tür, holte tief Luft und sagte mit Nachdruck: »So!« Ich wußte, es wäre besser zu gehen. Dora Dorette sprach über Dora Dorette – wenn sie wollte. Das mußte reichen. Marlene Dietrich hätte es auch als Zumutung empfunden, über andere Hollywoodgrößen ausgefragt zu werden, wird sie sich gedacht haben.

Dora Dorettes Dasein ähnelte dem der meisten Künstler, die nie so berühmt und reich geworden waren, daß sie im Alter noch davon hätten zehren können. In ihrem Lebensstil mußte sie sich äußerste Zurückhaltung auferlegen, selbst als betagte Dame war sie gezwungen, Engagements anzunehmen, und nur sporadisch kam sie in den Genuß der Segnungen einer Einrichtung, die sich »Künstlerdank« nannte. Einmal im Jahr unterstützte der damalige Oberbürgermeister von Köln, Theo Burauen, sie mit einer etwas größeren Summe Geldes.

Ich lud sie regelmäßig zu meinen Jour fixes ein. Fünf Stunden plauderte Dora Dorette über sich selbst und wehe, es wagte jemand einen Einwand vorzubringen! Nur euphorische Huldigungen waren genehm, sonst wurde sie entweder auf sehr schneidende Art und Weise boshaft oder verließ binnen kürzester Zeit die Veranstaltung. Nach einer Weile hatten wir die Spielregeln durchschaut und erlaubten uns hin und wieder unsere Scherzchen. Jeder wußte, daß die Dorette Brigitte Mira ums Verrecken nicht leiden konnte. So ließen wir hin und wieder den Namen der Mira fallen, und jedes Mal wiederholte sich das gleiche Schauspiel. Die Dorette schwoll an wie ein Auerhahn, schlug sich auf die Brust und tönte gebieterisch: »Wer, bitte, ist schon eine Brigitte Mira gegen mich!« Nur mit Mühe konnten wir uns das Lachen verkneifen.

Später, in den achtziger Jahren, während eines Gastspiels im Kölner Senftöpfchen, erblaßte die Diseuse plötzlich, wurde unsicher, griff haltsuchend an den Flügel und mußte schließlich die Bühne verlassen. Kreislaufkollaps. Man brachte Dora Dorette hinunter in die Garderobe. Ein Arzt verabreichte ihr eine Spritze und meinte: »Tja, Frau Dorette, mit dem Auftritt heute abend, das wird wohl nichts mehr.« Die Dorette erhob sich, etwas unsicher noch, aber durchaus energisch, lupfte ihre Boa vom Haken, strafte den Arzt mit einem kalten »Was wissen Sie schon davon«-Blick und sagte: »Ein altes Zirkuspferd hält nichts von der Manege ab!« Nach einer halbstündigen Pause setzte sie ihren Auftritt fort.

* * *

Ralf wünschte sich einen Hund – oder besser: »ein Hündchen«, wie er sich ausdrückte. Schon bald fuhren wir zu einem Zwinger. Als ich aus dem Auto stieg, traute ich meinen Augen nicht: Riesenhafte Doggen strichen in den Käfigen umher. Ralf hatte mich hereingelegt. Verstimmt weigerte ich mich, auch nur eines dieser monsterhaften Tiere näher anzusehen. Das blieb den Hundezüchtern nicht verborgen, sie riefen: Ivo, Ivo. Ein Welpe von schon beachtlicher Größe mit Schlappohren torkelte tolpatschig aus seiner Hütte und blickte mich mit treuen braunen Augen an. Da war es um mich geschehen. Wir fuhren – ein Herz und eine Seele – nach Hause, Ivo in unserer Mitte. Schon nach vierzehn Tagen aber ließ Ralfs Interesse für den Hund merklich nach. Das einzige, wozu er sich aufraffen konnte, war, mit Ivo am Aachener Weiher spazierenzugehen. Später begriff ich, daß es vor allem der dortige Männertreffpunkt war, der Ralf angezogen hatte.

So sehr ich es genoß, auf Schloß Höhenflug zu leben, so sehr war mir die »Hausgemeinschaft« zuwider. Im ersten Stock lehnte sich die Besitzerin einer Gebäudereinigung im Nachthemd und meist deutlich angeheitert aus dem Fenster, ein volles Wasserglas Fernet Branca in der Hand. Sie hatte es auf Ralf abgesehen, verfolgte uns, bekleidet nur mit BH und Schlüpfer, und rief Aufreizendes – oder was sie dafür hielt. Weil sie aufgrund ihres ordinären Auftretens von den spießigen Nachbarn gemieden wurde, nahm sie Rache: Nachts stellte sie ihr Telefon in das geöffnete Küchenfenster zum engen Hof, rief aus der Kneipe, in der sie sich gerade besoff, fünf- bis sechsmal ihre eigene Nummer an und ließ es bis zu vierzigmal klingeln. In der Schlucht des Hofes schallte es so laut, daß die Frauen an den Fenstern hysterische Anfälle bekamen. Die Männer fluchten und drohten mit der Polizei. Meine Gäste und ich verfolgten das nächtliche Schauspiel amüsiert hinter der Gardine stehend. Die ehrenwerte Hausgemeinschaft sann nun ihrerseits auf Rache und sammelte Unterschriften, um die Trinkerin bei der Hausverwaltung anzuschwärzen. Ich verweigerte die Signatur, mit diesen Saubermännern wollte ich mich nicht gemein machen.

Die Höhenflüge in unserem Schloß wurden seltener. Die Ehekrisen – anfangs wegen eigentlich nichtiger Dinge – häuften sich, und der Showdown begann mit dem Auftauchen einer Person namens Gabi, die sich nach allen Regeln der Kunst an Ralf heranmachte. Mit Erfolg.

Ich hockte derweil zu Hause, wartete auf meinen Ralf, der nicht kam. Die Gedanken kreisten, ohne irgendwo einen festen Halt zu bekommen. In diesen Stunden verlor ich fast den Verstand – von meinem Selbstbewußtsein ganz zu schweigen. Ich wollte nicht wahrhaben, schloß die Augen, weigerte mich loszulassen, klammerte, machte Fehler. Ralf wich mir aus. Schließlich klärte mich seine Chefin auf: »Es tut mir leid, Hermann, aber du wirst ziemlich übel auf den Arm genommen. Ralf hat schon seit längerer Zeit eine Freundin, geht jeden Morgen mit ihr nach Hause, und außerdem ist diese Frau von ihm schwanger! Alle wissen das, nur du nicht. Du tust dir nur selber weh, wenn du weiter mit so einer abgöttischen Liebe an diesem Mann hängst.«

Nach fünf gemeinsamen Jahren zog Ralf aus und nahm seine Sammlung von Jugenstilobjekten mit. Überall waren Löcher gerissen, die mich an meine zerbrochenen Illusionen erinnerten. Der einzige, der mir in diesen Tagen Trost bot, war meine Dogge Ivo, mit der ich lange Spaziergänge unternahm.

Die Straßen waren feucht. Vom nahen Park zog ein Schleier von Nässe, der die Bäume ganz leicht vernebelte, auch die Fronten der Häuser nahmen eine Farbe an, als wäre ein feiner Pinsel über ein Aquarell getupft. Der Himmel dräute dunkelgrau, es sah aus, als könnte es jeden Moment schneien, doch es war noch nicht kalt genug. Dann begann es zu regnen, leise am Anfang, stürzte das Wasser bald hernieder, ohne jeglichen versöhnenden Zug. Die Laubbäume der Gegend waren kahl, ihre schmutziggelben Blätter lagen am Straßenrand, wirbelten jedoch nicht auf, selbst wenn ein Auto vorbeifuhr nicht. Als der Regen aufgehört hatte, klebten die Blätter am feuchten Boden, und ich trottete, gezogen von Ivo, weiter, mit nassem, starren Gesicht, bis die Dämmerung fiel, die Straßenbeleuchtung spiegelte sich auf Fahrbahn und Gehweg, und ich suchte die Bruchstücke meiner Seele auf dem glitzernden Trottoir.

Ralf ist einer der wichtigsten Menschen in meinem Leben geblieben – aller Enttäuschung zum Trotz. Einmal gewesene Liebe ist durch keine Kränkung ganz aus der Welt zu schaffen. Sehr viele Menschen versuchen nach einer solchen Erfahrung zu hassen, um mit der Intensität ihrer verletzten Gefühle klarzukommen. Das macht es nicht besser. Auch die Liebe zu verleugnen verhilft allenfalls zu billigen Triumphen – nach so einer Niederlage gibt es keine Siege mehr davonzutragen. Da muß man durch.

Es ist ein paar Jahre her, daß ich Ralf zufällig wiedertraf, im Hotel Timp, dem bekannten Kölner Travestie- und Halbweltschuppen. Mein Herz schlug bis zum Hals. Da stand er vor mir: zum Mann geworden und schön wie nie. Bei unserer Umarmung spürte ich unter seinem Hemd einen harten Widerstand. In jeder Brustwarze trug er einen schweren Eisenring. Er, der schon immer zu Ausschweifungen neigte, war offensichtlich in die SM-Szene gewechselt. Ralf lachte mich an und sagte: »Lieber Hermann, was nicht weh tut, tut auch nicht gut.«

Je t'aime« hauchte Jane Birkin lasziv den legendären Serge-Gainsbourg-Titel aus den Boxen. Blondinen in Miniröcken, die keine Motte satt gemacht hätten, schoben mit ihren Martini-Gläsern Richtung Tanzfläche. Die knappen Oberteile spannten über ihren Brüsten, denen kein Büstenhalter oder Korsett mehr züchtig Einhalt gebot. »Zwei Gin-Fizz, wie lange soll ich denn noch warten!« – der Typ mit den Koteletten und der fetten Goldkette steckte sich übelgelaunt eine HB an. Der sanfte Druck, den ich unter meinem Daumen spürte, irritierte mich etwas. Dennoch schüttelte ich den Mixer weiter und markierte schwer den Barkeeper. Dann knallte es, und der Deckel des Shakers flog meterweit. Die Dame an der Bar, eine der neureichen Siebziger-Jahre-Schicksen mit einer exklusiven Gazellenlederjacke, war im Nu nicht mehr wiederzuerkennen: Gin Fizz auf der Jacke, Gin Fizz in den ehemals streng auftoupierten Haaren. Sie sah aus wie die einzige Überlebende eines schweren Erdbebens. Die Jacke, damals in den frühen Siebzigern so eine Art Statussymbol, war hin. Es dauerte eine ganze Weile, bis sie aufhörte zu schreien. Erst viel später erfuhr ich, daß mein lieber Kollege Bardou mir einen Schuß Sodawasser in den Shaker getan hatte.

Das New Bonnies Bluff galt als das exklusivste Lokal Kölns. Oben standen nur die teuersten Autos – Porsche, Alfa Romeo, Buick und Sportcoupé. Die Gäste übrigens bestätigten mir, was inzwischen zur Binsenweisheit geworden ist: Wer ein großes Auto fährt, kann es sich entweder leisten oder hat es nötig. Meistens beides. Die es nötig hatten, kamen sich dabei mächtig vornehm vor – das Wort Bluff im Schriftzug über der Tür war treffender gewählt als von den Inhabern beabsichtigt.

Das Bonnies war ein Tanzlokal, ohne Clubkarte kein Einlaß. Die Besitzer hatten die Pforte doppelt sichern lassen: Wenn die Tür zur Straße sich öffnete, hieß das noch lange nicht, daß man als Gast akzeptiert war. Innen versperrte eine Gittertür den Weg, überwacht von einer Kamera und mit einer Gegensprechanlage ausgestattet. Wenn den Einlassern nicht paßte, was sie auf dem Bildschirm vor sich sahen, blieb das Gitter zu. Reichte das nicht zur Abschreckung, stellten die Türsteher Scheinwerfer von Flutlichtstärke an, so daß die ungebetenen Gäste die Hände vor die Augen nehmen mußten, um tastend die rettende Ausgangstür zu erreichen. Es sollte auf Teufel komm raus exklusiv zugehen, und längst nicht jeder Einlaßbegehrende wurde für wert befunden, überteuerte Drinks zu konsumieren. Im New Bonnies Bluff tummelte sich nur die selbsternannte Hautevolee Kölns: der Möchtegern-Playboy neben der Königin des Leerguts, der Imbißbuden-Imperator neben dem angeschickerten Spesenschätzchen. Aber was sollte ich tun, von irgendwas mußte ich ja leben. Bald wurde übrigens auch das New Bonnies Bluff ein Raub der Flammen.

Die nächste Station meiner Existenz als Barkeeper war der Pimms Club. Wieder ein Edelschuppen. Ich fühlte mich immer furchtbar deplaziert in diesen Lokalen. Alle gaben an mit Lammfellmänteln, neuen Taschen und grellen Pullundern. Wohlstand und Luxus waren nicht mehr Errungenschaft, sondern Selbstverständlichkeit, ja, Voraussetzung. Der Respekt vor jeder Neuanschaffung, der noch den fünfziger und sechziger Jahre das Gepräge gegeben hatte, war altmodisch geworden, die schlechte Zeit, Hunger, Armut und Bombennächte, radikal vergessen oder verdrängt. Verirrten sich tatsächlich einmal vornehmere Leute in den Pimms Club, erkannte man sie daran, daß sie bedeutend zurückhaltender agierten als die neureichen Parvenüs. Die natürlich dennoch auf diese zurückhaltenderen Gäste herabsahen.

Als es im Pimms Club ebenfalls brannte, begann ich mir Sorgen zu machen und fragte mich, womit ich den Zorn der bösen Feuerfee auf mich gezogen haben könnte.

* * *

Die Tigerpython wand sich um die gotische Säule im Wohnzimmer. So sehr ich ihr zuredete und versuchte, ihre Umklammerung zu lösen, die knapp neun Meter lange Würgeschlange rührte sich nicht, hieb bestenfalls zischelnd mit dem Schwanzende ihres armdicken Leibes nach mir. Erst als ich sie ignorierte, ließ sich Schlangetta majestätisch an der Säule herabgleiten. Erleichtert, aber immer noch etwas beunruhigt, packte ich sie im Dressurgriff hinter dem Kopf und verstaute sie im Terrarium.

Meine beiden Schlangen stammten aus dem Szene-Lokal Pimpernell, dort hatten sie zur schaurig-schönen Unterhaltung der Gäste vor sich hinvegetiert. Als ich erfuhr, daß sie durch einen Defekt der Heizspiralen in ihrem Terrarium schwer verletzt worden waren, zögerte ich nicht lange. Ich hegte zwar nie Sympathien für Reptilien, aber wenn ein Tier in Not war, dann sah ich mich gefordert – Schlange hin oder her. So nahm ich die Tigerpython Schlangetta und die wesentlich kleinere Netzpython, die auf den Namen Rudi hörte, zu mir. Zwar waren die beiden Tiere nicht giftig, aber dennoch nicht ungefährlich. Jeden Tag badete ich Schlangetta und Rudi in Kamillosan, um den Terrariumsand aus den offenen Wunden zu spülen. Mit dem kleinen Rudi freundete ich mich so an, daß er sogar in meinem Bett schlief, ohne daß ich mich dabei in Gefahr begab.

Schlimm aber war für mich, daß die Schlangen nur lebende Tiere verzehrten. Regelmäßig mußte ich auf den Markt, um dort possierliche Kaninchen zu kaufen. Ich bat die Händler, mir nur kranke Tiere mitzugeben, für die der baldige Tod eine Erlösung wäre. »Bitte packen Sie mir die Kaninchen in den Karton, aber nicht vor meinen Augen!« Es war entsetzlich. Meine Freundin Emmy Brings, die mir unermüdlich zur Seite stand, übernahm es, die Tiere den

Schlangen zum Fraß vorzuwerfen. Ich verließ währenddessen das Haus, um das bestialische Schauspiel nicht mit ansehen zu müssen. Wenn die Schlangen eines der Tiere verschmähten, nahm ich das als Schicksalswink – die Kaninchen lebten danach in einem Käfig in meiner Küche und galten als begnadigt. Nach einer Weile bevölkerte ein halbes Dutzend von ihnen meine Küche, das war nun auch keine Lösung.

Insgesamt blieben Rudi und Schlangetta ein dreiviertel Jahr bei mir, dann wurde es mir zu bunt. Die Besitzer des Pimpernell – und damit der Schlangen – rührten sich auch nach mehrmaligen Bitten, die Tiere zurückzunehmen, nicht. Also rollte ich die neun Meter lange Schlangetta zusammen und verstaute sie in einer Reisetasche. In der Straßenbahn auf dem Weg zum Zoo merkte ich plötzlich, wie sich in meiner Tasche etwas tat. Schlangetta floh. Spitze Schreie der anderen Fahrgäste und helle Aufregung! Ich packte das Reptil am Hals, so daß es ruhiggestellt war, und kam schließlich, schweißgebadet, Reisetasche in der einen, die riesige Python in der anderen Hand, im Zoo an. Gott sei Dank konnte ich Schlangetta dort lassen. Sie ist mittlerweile gut zwölf Meter lang und lebt im Aachener Zoo.

Rudi dagegen nahm ein trauriges Ende. Nachdem ich ihn weggegeben hatte, büchste er aus, und ein paar Tage später las ich in der Zeitung: Hausmeister kämpfte mit Schlange! Auf dem Foto ein rüstiger Siebzigjähriger mit einer Art Mistforke in der Hand. Daran hing mein Rudi! Er war dem strengen Regiment eines deutschen Hausmeisters zum Opfer gefallen, den eine von Schreikrämpfen geschüttelte Reinemachefrau zu Hilfe gerufen hatte.

* * *

Ein jüdisches Sprichwort sagt: Es ist nicht so gut mit Geld, wie es schlecht ist ohne. In den Siebzigern konnte ich meinen Gästen meist nur Tee anbieten, so pleite war ich zwischendurch immer wieder. Conny Nelson, damals ein berühmter Damenimitator, besuchte mich und brachte

Ivo Fürst von Metternich und Hermann Götting, Köln 1981

Tilla Durieux im Charlestonkleid um 1920,
Max Linder in Abendgarderobe um 1912

Großeltern Marta und Hermann Götting mit Tochter Elisabeth, etwa 1917

Art-déco-Büste um 1930, Detail aus dem großen Salon Hermann Göttings

Mutter Hildegard während ihrer Schulzeit in Haiger, etwa 1933

Vierziger-Jahre-Inszenierung im Kölnischen Kunstverein
mit einer Figur Maurice Chevaliers

Mit Mutter Hildegard, 1942/43

Hermann Götting, 1958

Fünfziger-Jahre-Inszenierung im Kölnischen Kunstverein,
links Stoffentwürfe von Carola Jutzler, rechts Stoffdekore von Tea Ernst

Hermann Götting, Dorothé-Denise Salih und Bernd Zimmermanns,
Köln 1969

Sechziger-Jahre-Inszenierung im Kölnischen Kunstverein

Siebziger-Jahre-Inszenierung in der Josef-Haubrich-Kunsthalle, Köln

Ralf Heinrich und Hermann Götting im Chicos Bongitt, 1971

Sammlung Hermann Götting, Lagerraum

Rettungsaktion der Schaufensteranlage »Hut Ernst«, 1989

Eric Martin Balzer und Hermann Götting, 1993

Champagner mit. Den schlürften wir genußvoll aus uralten Champagnerkelchen – zu essen gab es nichts. Ins Gästebuch schrieb mir Conny: »Hier in diesen Hallen hörte ich die Korken knallen, beides hat mir gut gefallen.« Ich las es schmunzelnd. Außenstehende würden später vermuten, hier hätte ein opulentes Gelage stattgefunden. Eine Freundin, Katharina Firley-Henrotte, besuchte mich regelmäßig und schlug mir vor, einen Flohmarkt zu veranstalten: »Ich weiß, daß du sehr an deinen Sachen hängst, aber du brauchst keine fünfzehn Kaffeeservices, du brauchst keine dreißig Vorlegebestecke, und hundert Blumenvasen würden vielleicht auch genügen.« Hm. Es hatte sich in mehr als zehn Jahren Köln wirklich eine Menge angesammelt. Eines Abends stellte ich Wohnung und Keller, beide gleichermaßen überfüllt, auf den Kopf und überlegte mir, von welchen Sachen ich mich am ehesten trennen könnte. Dann zogen wir meinen Eßzimmertisch für vierundzwanzig Personen aus und bedeckten die Fläche mit Antiquitäten. Auch einige Möbel beschloß ich zu verkaufen. Am Tag, als das Inserat erschien, klingelten morgens die ersten Interessenten, bis zum Abend rannten mir die Leute die Bude ein. Endlich hatte ich mal wieder Geld in der Hand. Und schlagartig ging es mir besser. Wer einmal im Leben ohne etwas dastand, der weiß, wovon ich rede. Man wird ein ganz anderer Mensch, bekommt wieder etwas Mut, das Lebensgefühl verändert sich, man traut sich wieder auf die Straße und sich selber etwas zu. Es ging allmählich bergauf, die Talsohle war durchschritten.

In dieser Zeit veranstaltete ich eine Gala für die Sängerin Angele Durand. Nach dem Siegeszug der englischsprachigen Popmusik seit den Beatles tingelte sie durch die Lande, wie so viele Schlagerstars der frühen Bundesrepublik. Sie hatte bessere Zeiten gesehen.

Angele Durand freute sich, im festlichen Rahmen meiner Räume war es ihr ein Vergnügen, von Blumen, Komplimenten und Aufmerksamkeit förmlich überschüttet zu werden. Schnell gab sie dem Drängen ihrer Verehrer nach und sang für uns: »Ja, ich bin die tolle Frau/aus der Tingel-Tangel-

Schau/und für mich gibt's kein Ersatz/auf dem ganzen Rummelplatz.« Außerdem Lieder von der enttäuschten Liebe, aber auch von der Sehnsucht, von der Hoffnung und von der Haltung, die jeder Niederlage ein trotziges »Dennoch!« entgegensetzt. Die Hymne bei jedem ihrer Auftritte war die deutsche Fassung des Sinatra-Evergreens »My way«. Heute längst zum abgegriffenen Zitat jeder drittklassigen Travestiedarbietung verkommen, hatte die Durand damals mit als erste die Wirkung dieses Liedes entdeckt und mit ihrer Interpretation einen Meilenstein gesetzt. »So ist mein Leben«, sang die Durand, Tränen rannen ihr über das Gesicht, das Publikum faßte sich bei den Händen, wurde mit der Künstlerin zu einer verschworenen Gemeinschaft. Mir lief eine Gänsehaut über den Rücken. Dieses Lied machte Mut, es stand für jene, die sich durch Höhen und Tiefen kämpfen, die, obwohl in einer Außenseiterposition, nicht aufgeben wollen und aller Verzweiflung zum Trotz das Leben lieben. Die Tränen der Durand erschienen mir als ein besonderer Ausdruck von Tapferkeit.

Bei diesem festlichen Anlaß lernte ich Büb Kriech kennen, den Inhaber des Madame Arthur. Er hatte sich mit dem Travestie-Theater einen Wunschtraum erfüllt: Das Madame Arthur sollte den Glanz des gleichnamigen Pariser Vorbilds nach Köln tragen. Bald danach bot er mir das Engagement als Conférencier an.

Doch zunächst einmal zog ich um. Und das kam so: Eines Morgens klopfte es an meiner Wohnungstür, eine dunkle Stimme bat mich zu öffnen. Vor mir stand Wilhelmine »Mimi« Frisch, etwas untersetzt, mit ihren roten Haaren sah sie aus wie Claire Waldoff. »Wer schmeißt denn da mit Lehm?« dachte ich und erinnerte mich, daß sie mir schon des öfteren aufgefallen war: Vor dem Nachbarhaus stieg sie häufig mit einer anderen, sehr burschikosen älteren Frau aus einem alten Mercedes – die beiden waren ein Paar. Mimi Frisch wollte ihre Wohnung aufgeben und fragte mich, ob ich Interesse hätte, ihr das eine oder andere alte Möbelstück abzukaufen. Eine Mieterhöhung hatte sie so verärgert, daß sie fest entschlossen war auszuziehen. Schließlich hatte sie damals nach dem Krieg das Haus gerettet. Gemeinsam mit einer anderen Mieterin, Margarethe Broos, setzte sie Notglasscheiben ein, erwarb auf dem Schwarzmarkt Nägel, barg aus den Trümmern Kölns Latten und Pappe und baute das Dach wieder auf. Die Mieterhöhung empfand sie als schnöden Undank und beschloß, sich trotz ihrer siebzig Jahre noch einmal zu verändern.

Von Neugierde getrieben, besuchte ich sie noch am selben Tag. Sie öffnete mir, legte ihre Handflächen vor der Brust aneinander und verbeugte sich tief, wie eine Geisha. Dann zeigte sie mir ihre großen, lichtdurchfluteten Räume.

Die Werte, die Mimi Frisch im Laufe der Jahrzehnte zusammengetragen hatte, konnten sich sehen lassen. An den Wänden hingen Gemälde von Picasso, Klee und Kandinsky. Ich interessierte mich für einige ihrer Möbel, und da ihre Miete immer noch billiger war als meine im Nebenhaus, übernahm ich die Wohnung. Schloß Höhenflug ade.

* * *

»Na, Hermann, war'n das Zeiten, als Esch noch mit A geschrieben wurde?« Ich lachte, der alte Esch hatte einfach Gemüt. Jedesmal, wenn ich mir seinen gummibereiften Handwagen für meine Spritztouren zu Wohnungsauflösungen oder Flohmärkten auslieh, machte der gutmütige Trödler aus der Händelstraße seinen harmlosen Scherz. Er teilte meine Sympathie für alte Sachen und ermöglichte es mir mit seiner Großzügigkeit, den Grundstock für meine Sammlung zu legen – sonst wäre vieles schon am Transport gescheitert. Ihm gebührt mein Dank.

Hörte ich von einer Wohnungsauflösung, setzte ich mich in Bewegung, Zigaretten und Wein im Gepäck. Oft genug waren die Leute froh, wenn sie das alte Zeug überhaupt loswurden, über die Zigaretten oder eine Flasche Wein freuten sie sich.

Immer wieder schlugen mich meine Fundstücke bei Trödlern und Antiquitätenhändlern in Bann. Als ich ein wunderschönes Trichtergrammophon entdeckte, konnte ich mit Müh und Not eine bescheidene Anzahlung zusammenkratzen. Der Händler verkaufte, da die Restzahlung in seinen Augen zu lange auf sich warten ließ, das schöne Stück trotzdem anderweitig. Ich hätte ihn erwürgen können. Obwohl eigentlich ein friedfertiger Mensch, brechen ungeahnte Kräfte und auch Aggressionen sich Bahn, wenn ich einmal ein Objekt für meine Sammlung ins Auge gefaßt habe. Ich kämpfe darum wie ein Muttertier um ihr Junges.

In der Brüsseler Straße war ein Kloster der Barmherzigen Brüder, dort half ich Ende der sechziger Jahre bei der Entrümpelung mit. Über vierzig schwere Kreuze, die die verstorbenen Mönche nicht mit ins Grab genommen hatten, zierten jahrelang die Flurwände in Schloß Höhenflug. Meine Gäste gruselten sich regelrecht.

Auch einen barocken Triumphbogen konnte ich bei dieser Gelegenheit retten. Bis in die sechziger Jahre hatten die Klosterbrüder alljährlich zur Fronleichnamsprozession die etwa vier Meter hohe Stellage auf der Brüsseler Straße aufgebaut. Die großen Holzverschalungen, reich verziert und in gebrochenem Weiß und Hellblau gehalten, und die Tafel mit den Worten »Jesus Christus/Gestern, heute und in Ewigkeit« blockieren noch heute einen meiner Keller.

Während der ganzen Jahre stromerte ich von einem Trödelladen zum nächsten. Ohne jede Berechnung, aus Intuition war ich meiner Zeit immer ungefähr fünfzehn Jahre voraus. Als ich zu Beginn der siebziger Jahre anfing, Art déco zu sammeln, dachten die Leute, ich sei verrückt geworden. Aber das kümmmerte mich nicht weiter. Art déco erinnerte mich an meine Kindheit, einzelne Accessoires schmückten bereits mein Elternhaus. Diese Stilrichtung, benannt nach der Pariser Ausstellung »Exposition Internationale des Arts Décoratifs et Industriel Modernes« 1925, schloß direkt an den Jugendstil an, nahm viele seiner floralen Gestaltungselemente auf, aber auch strenge geometrische Formen des Funktionalismus, wie sie im Bauhaus oder im niederländischen »De Stijl« entwickelt wurden. Die bevorzugten Hell-Dunkel-Kontraste, die edlen Materialien wie Elfenbein, Ebenholz, Leder oder Silber und die oft genug klaren Linien erschienen mir sehr modern. Farbe und Form waren leicht und großzügig, dazu von hohem künstlerischen Wert – ganz im Gegensatz zu den maschinell gefertigten Plagiaten und eklektizistischen Modellen der Gründerzeit. Mir fiel ein Slogan ein, den ich schon in meinem Elternhaus gehört hatte und der aus den zwanziger Jahren stammen mußte: »Der Schnörkel sind wir überdrüssig, allzuviel ist überflüssig!« Die Rokoko- und vor allem die Gründerzeitmöbel begannen mir auf die Nerven zu fallen: hier ein Vorsprung, da ein Erkerchen, dort ein Säulchen sowie Schnitzereien und Gedrechseltes zuhauf.

Ich entdeckte die Sachlichkeit, und zwar als eine Form, die nicht als Imitat, sondern als zeitgemäßes Original vor der Geschichte bestehen kann. Gebrauchsgegenstände, wie sie im Staatlichen Bauhaus in Dessau entstanden sind: der Stahlrohrsessel »Wassily« von Marcel Breuer, die Lampen von Marianne Brandt, die berühmten Tapeten aus dem Hause Rasch. Ich recherchierte, besorgte mir Bücher über das Bauhaus. Nun erhielten die Namen Walter Gropius, Ludwig Mies van der Rohe, Paul Klee und Wassily Kandinsky eine Bedeutung – sie alle hatten in Dessau gelehrt und gearbeitet. Ab 1928 wandte sich das Bauhaus der Produktgestaltung für breitere Käuferschichten zu, die bildenden Künste traten in den Hintergrund, und der Vorsitzende Hannes Mayer gab das Motto aus: »Volksbedarf statt Luxuskultur«. Ich entdeckte, daß ich – teilweise ohne es zu wissen – eine ganze Reihe von Bauhaus-Objekten zusammengetragen hatte: Stühle, Aschenbecher, Geschirr und Keramiken. Anfang der Achtziger tauchten dann nach und nach in den anderen Wohnungen Sammelstücke aus den zwanziger und frühen dreißiger Jahren auf. Keiner lachte mehr, und jeder Gastgeber präsentierte diese Stücke voller Stolz.

Autos hupten, Straßenbahnen schellten, nichts ging mehr am Rudolfplatz, Schweiß trat mir auf die Stirn. Der kleine

Bollerwagen war hin, die wunderbar erhaltene Musiktruhe »Grundig-Zauberklang« lag auf dem Rücken. Gerade als ich den Habsburger Ring überqueren wollte, war – Heinerich, der Wagen bricht – ein Rad des Wägelchens in der Straßenbahnschiene hängengeblieben. Nun lag es friedlich neben der ganzen Bescherung. Gott sei Dank war das klingende Fünfziger-Jahre-Schmuckstück dabei unversehrt geblieben. Ohne die Hilfe von Passanten stände ich wohl immer noch haareraufend mit dem »Zauberklang« mitten auf der Kreuzung am Rudolfplatz.

Diese herrliche Musiktruhe aus den frühen Fünfzigern gehörte zu den ersten Objekten meiner Techniksammlung. Andere kamen hinzu – ausgemusterte Statussymbole aus der Zeit des Wirtschaftswunders. Heute verwahre ich über einhundert Radios in meinen Lagern – vom Volksempfänger bis zum schrillen Siebziger-Jahre-Plastikradioarmband. Tonbandgeräte aus allen Jahrzehnten, Kofferplattenspieler, Tondrahtgeräte, Schallbandgeräte – sogenannte Tefifone – und die ersten tragbaren Fernseher ergänzen die Sammlung und vermitteln ein Bild von der technischen Entwicklung. Das sich wandelnde Design verrät etwas über das Selbstverständnis der Besitzer – und den Zeitgeist der Epoche. In den fünfziger Jahren war es ein großer Unterschied, ob man sich ein rustikal verziertes Möbel oder eines von sachlicher Form ins Wohnzimmer stellte. Man hatte zu wählen zwischen konservativem oder avantgardistischem Mobiliar: die »Kammerkonzertschatulle Landgraf« lehnte sich an vergangene Epochen an, während der »Schneewittchensarg«, ein weißer Radio-Plattenspieler mit gläserner Abdeckung, sehr gradlinig war und den ingeniösen Zug des damaligen Designs zum Ausdruck brachte. Der »Schneewittchensarg«, heute ein Klassiker des Fünfziger-Jahre-Designs, wurde an der »hochschule für gestaltung« in Ulm von Hans Gugelot und Dieter Rams entworfen.

Über sechzig Fernseher habe ich zusammengetragen, vom ersten Nachkriegsmodell 1948 bis zum futuristischen Kugelgerät aus den wilden Siebzigern. Wer kann sich heute noch vorstellen, daß es kurz vor Einführung des Zweiten Deutschen Fernsehens als besonders fortschrittlich galt, ein Fernsehgerät zu besitzen, das ganze zwei Programme empfing?

In meiner Wohnung übrigens bleiben die Bildschirme bis heute dunkel – der Mittelpunkt in meinen eigenen vier Wänden wollte immer ich selbst sein. Ich glaube, sehr viele Menschen lassen sich durch den Fernseher vom Leben abhalten, sie können das Alleinsein nicht ertragen und empfangen alles aus zweiter Hand – darüber vergessen sie am Ende, selbst zu leben. Über sich nachzudenken, Stimmungen, traurige wie glückliche, einfach zuzulassen und auszukosten gerät aus der Mode. Manche lassen sogar die Mattscheibe laufen, wenn sie Besuch bekommen. Sind die mittelmäßigen Schauspieler aus den Seifenopern tatsächlich schon wichtiger geworden als Freunde und Bekannte? Wenn ich einen Film sehen will, gehe ich ins Kino. Dabei treffe ich andere Menschen und vereinsame nicht in der Isolation eines Fernsehzimmers. Das ist mir tausendmal lieber, als am Ende gar nicht mehr zu wissen, was ich mit mir selber anfangen kann, weil das Fernsehen mich schon so verdorben hat. Aber ich schweife ab.

* * *

»Herr Götting, was sagen Sie dazu?« Erwartungsvoll blickte der Händler mich an. Zwischen dem Trödel seines Flohmarktstandes präsentierte er stolz eine Vase – matte Rot-, Blau- und Gelbtöne, von schwarzen Linien durchbrochen. Typisch Fifties. Schelmisch sagte er: »Es war gar nicht so einfach, meiner Schwiegermutter das gute Stück abzuluchsen, sie hat es zur Silberhochzeit bekommen.« Wir begannen zu handeln, und für zwanzig Mark trug ich die Keramikarbeit mit der kunstvollen Glasur nach Hause.

Auf den Flohmärkten war ich Mitte der siebziger Jahre ein berüchtigter Kunde, die Trödler kannten meine Vorliebe für Krimskrams, Porzellan- und Keramikobjekte aus den frühen Jahren der Republik. Vom Stil her waren sie alle an die modernen Künstler angelehnt, sahen aus wie ein August

Macke- oder Paul Klee-Verschnitt. Ich kaufte Unmengen dieser Vasen; heute besitze ich mehr als siebenhundert Keramik- und Glasvasen aus den Fünfzigern. Bezahlt habe ich zwischen zwei und zwanzig Mark pro Stück. Die Händler, aber auch Freunde und Bekannte lachten mich aus. Kein Mensch hatte in den siebziger Jahren Verständnis für den Geschmack und das Design der Fifties. Heute haben diese Exponate ihren Wert um das Hundertfache gesteigert. Inzwischen weiß man zu schätzen, daß viele Entwerfer der Nachkriegszeit Mut zur klaren Form und Moderne zeigten. Oft genug wurde indes in den fünfziger Jahren der Weg zwischen Kunst und Kitsch zur Gratwanderung, gutes und lediglich gutgemeintes Design standen oft einträchtig in den Wohnungen beieinander. Der gutgemeinte Entwurf, das ist das modernistische – die Objekte sehen aus wie auf den Hund gekommener Kandinsky. Der gute Entwurf dagegen wurde zum Beispiel an der »hochschule für gestaltung« hochgehalten.

Ihre Entstehung wie ihr Ende werfen ein ganz spezielles Licht auf die deutsche Nachkriegsgeschichte: 1947 regte Inge Scholl, die Schwester der Widerstandskämpfer Sophie und Hans Scholl, die Gründung einer Hochschule für demokratische Erziehung an. Im Austausch mit Widerstandskämpfern, Intellektuellen, Emigranten und ehemaligen »Bauhäuslern« entwickelte und veränderte sich diese Idee, bis schließlich 1955 die »hochschule für gestaltung« (hfg) in Ulm mit einer Festrede von Walter Gropius eröffnet wurde. Einem aufgeklärten Antifaschismus, einer kritischen und sozialen Verantwortung verpflichtet, trat man für eine Architektur in der Tradition des Bauhauses ein. In Zusammenarbeit mit der Industrie, vor allem der Braun AG, entwarfen die Protagonisten und Absolventen der hfg Büro- und Haushaltsgeräte, Möbel, Geschirr und Besteck, die das Ansehen des deutschen Designs nach dem Krieg begründeten und inzwischen als Klassiker gelten. Gegen »Styling« oder gekurvte Moden setzten die Schüler und Dozenten der hfg sachliche und funktionale Gestaltungselemente.

Doch die gesellschaftlichen Strukturen der Bundesrepublik, verkrustet schon vor dem Ende der Adenauerära, der rückwärtsgewandte Konservatismus, der sich den aufkommenden Studentenunruhen in den großen Städten Deutschlands ratlos gegenübersah, wurde der hfg – neben fortwährenden Geldproblemen – zum Verhängnis. Es zeigte sich, daß der Wille zur Moderne, zur Erneuerung in Deutschland sich in Oberflächlichkeiten erschöpfte. Die Formen änderten sich, die Geisteshaltung nicht. Ausgerechnet Ministerpräsident Hans Filbinger, Jahre später gestolpert über seine finstere Rolle als NS-treuer Marinerichter in den letzten Kriegstagen, begründete die Schließung der hfg 1968 mit den Worten: »Wir wollen etwas Neues machen, und dazu bedarf es der Liquidierung des Alten.«

Der Geist von Ulm lebte weiter – in Objekten, die teilweise noch immer produziert werden, aber auch im Selbstverständnis, das noch heute Anknüpfungspunkte für die Positionsbestimmung des Designs bietet. Künstler wie Harry Bertoia, Dieter Rams, Hans Gugelot, Jupp Ernst und Wilhelm Wagenfeld haben in der Nachkriegszeit Formen geschaffen, denen die Zeitläufte nichts anhaben konnten.

Aber zur Alltagskultur gehören nicht nur die Aushängeschilder des deutschen Nachkriegsdesigns. Auch der Kitsch hat seine Berechtigung, er gehört einfach dazu. Und außerdem: Ich mag's manchmal schrill! Kitsch verlieren heißt Träume verlieren. Alles, was einmal von einem Designer entworfen wurde, akzeptiere ich, schließlich waren es Versuche, den Zeitgeist, die Haltung und den Geschmack der Zeitgenossen zu treffen oder herauszufordern. Der eine kann es eben und der andere nicht.

Wenn ich meine Vasen auf Ausstellungen präsentierte, staunten die Besucher jedes Mal, welche Kapriolen das Design in den fünfziger Jahren schlug – Asymmetrie war das Gebot der Stunde. Manche Designer taten indes zuviel des Guten – die Blumen fallen aus den asymmetrischen Objekten einfach wieder heraus.

* * *

Meine neue Wohnung richtete ich sachlich und vor allem sparsam ein, damit die Räume und die Möbel sich entfalten konnten und sich nicht gegenseitig erdrückten; jedes Zimmer besaß einen eigenen Stil, war dabei aber auch funktional ausgestattet. Ich wollte nicht nur in alten Einrichtungen leben, sondern in dieser Umgebung auch vergangene Zeiten wiederaufleben lassen: Die Zentralheizung ließ ich abklemmen und stellte Öfen auf, ich besorgte einen Eisschrank, der im Sommer mit Stangeneis betrieben wird, einen Küchenherd mit Kohlefeuerung, das Badewasser wärmte ich auf dem Herd, und zum Putzen benutzte ich Schmierseife und Soda.

Das Speisezimmer arrangierte ich im Jugendstil: Buffet und Kredenz aus schwarzgebeizter Tanne wurden zu Beginn des Jahrhunderts in der renommierten Kölner Möbelfabrik Pallenberg in der Straße Unter fetten Hennen direkt am Dom hergestellt.

Früher nahm die Familie des Direktors der Ruhrkohle AG, Dr. Saloyzen, die an der Weißenburgstraße ihr großbürgerliches Domizil hatten, in diesem Speisezimmer ihr Diner ein. Manchmal stelle ich sie mir vor, die Herrschaften; er, mittelgroß und von strammer Haltung, mit Vatermörder und »Es-ist-erreicht-Bart«, nach dem Mahl im Rauchsalon seine ellenlange Pfeife schmauchend, die in einem Kopf aus Meerschaum endet; sie im Üppig-Hochgeschlossenen mit der kunstvoll ondulierten Frisur, die man »deutsch-eingeschlagen« nannte. Die ganze Szenerie verbunden mit einer Aura feierlicher Gebärden und umflorter Worte. Drumherum das Bufett und die Kredenz, welche Tischwäsche, Vasen und Porzellan hüten, und in der Bibliothek nebenan sind die Werke des deutschen Realismus versammelt – Freytags »Soll und Haben« an einem Ehrenplatz.

Der Unternehmer Saloyzen wird in diesem Speisezimmer seiner Lust am Aufwendigen gefrönt haben, am Schönen und mondän Gebauschten. So stelle ich es mir zumindest vor. Und entführt uns unsere Phantasie nicht alle hin und wieder an andere Orte, Epochen, in andere Lebensumstände, und spielen wir nicht jeden Tag in unserem eigenen Leben ein neues Stück? Sympathisch all jene, die das noch können.

Der Krieg hatte auch vor diesem Speisezimmer nicht haltgemacht. Bei einem Bombenangriff wurden Stühle und Tisch ein Raub der Flammen, lediglich die mächtige Anrichte und die Kredenz konnten gerettet werden. Auf verschlungenen Wegen gelangten sie zu mir.

Den großen Salon dagegen richtete ich im Zwanziger-Jahre-Stil ein, das Frühstückszimmer in dem der dreißiger Jahre, in der Kölner Stube ließ ich die Barockzeit wieder aufleben. Mein Schlafzimmer wurde um 1870 in Handarbeit gefertigt, erfreute früher einmal irgendeinen Aristokraten und seine Mätressen in einem französischen Schloß. Es besteht aus zwei Betten, zwei Nachtkonsolen, zwei Stühlen, einem Kleiderschrank, einem Waschtisch mit Waschlamprete, einer Schüssel mit Wasserkanne sowie einem Baldachin. Mit seinen dreihundertfünfundsechzig feuervergoldeten Messingbeschlägen, Schnitzereien von der Marianne, der französischen Freiheitsfigur, und den Revolutionskämpfen, ist es ein wohl einmaliges Kleinod. Nach dem Ersten Weltkrieg gelangte es nach Köln, der Uhrenfabrikant Salzsieler stattete damit seine Villa am Sachsenring aus. Wegen der Bombenangriffe im Zweiten Weltkrieg wurde das Schlafzimmer mehrmals ausgelagert, die Tochter der Salzsielers nutzte es später nicht mehr, und so erwarb ich 1981 das Schlafzimmer, in dem ich bis heute nächtige – nur die alten Matratzen warf ich weg, nachdem ich vernommen hatte, wie viele Menschen in ihnen geboren worden waren oder ihren letzten Atemzug getan hatten.

Das Gästezimmer gestaltete ich im Fünfziger-Jahre-Stil und die Küche im Gründerzeitambiente. Auf dem Flur standen Möbel und Spiegel aus dem Biedermeier.

Meine Wohnung wurde zu meinem selbsterschaffenen und leicht versponnenen Kosmos. Grund genug, den Lärm der

Autos, aber auch die Tankstelle gegenüber praktisch auszusperren. Ich fühlte mich lange genug davon gestört und aus der geheimnisvollen Atmosphäre hinausgerissen. Irgendwann zog ich die Gardinen zu, die Stores und die schweren Samtportieren lassen den rastlosen Alltag seitdem außen vor. Das kommt vor allem den alten Geweben zugute, denn das Sonnenlicht macht die Materialien brüchig und läßt die Farben verblassen. In unserem Atomzeitalter, wo nichts schnell genug gehen kann und draußen der Verkehr braust und die Straßenbahnklingeln schellen, lebe ich mitten in einer Oase der Ruhe.

Immer mehr Möbel kamen im Laufe der letzten fünfzehn Jahre hinzu, ich entdeckte unablässig Accessoires und Objekte, die mir wertvoll erschienen und die ich in meinem Refugium praktisch unter Schutz stellen wollte. Ab Mitte der achtziger Jahre konnte es nicht mehr ausschließlich um Stilreinheit gehen, sondern schlicht und ergreifend um die Frage: wo ist überhaupt noch Platz?

Heute denke ich oft, wenn diese Sammelleidenschaft nicht gewesen wäre in meinem Leben, ich wüßte gar nicht, wie es überhaupt verlaufen wäre, was ich hätte machen sollen. Ich kann es mir ohne meine Sammlung nur als trostlos vorstellen – auch wenn ich manchmal dachte, ich sollte den ganzen Krempel zum Fenster hinauswerfen. Denn man gerät auch in ein Abhängigkeitsverhältnis. Diese alten Dinge müssen gepflegt werden. Sie sehen sonst leicht schäbig aus, und außerdem bin ich verantwortlich für ihren Erhalt. Am Anfang putzte und wienerte ich noch auf Teufel komm raus, bis ich mir irgendwann sagte: du hast jetzt soviel zusammengetragen, wenn du das immer tiptop sauberhalten willst, rennst du den ganzen Tag rastlos mit dem Lappen in der Hand herum und kommst zu nichts anderem mehr. Soll das der Sinn deines Lebens sein? Nein! Heute dreht sich mein Leben nicht mehr um die Möbel, sondern die Möbel drehen sich um mein Leben!

»For members only« verkündete das Schild an der massiven Tür des Madame Arthur. Das Travestie-Theater war natürlich für die Nachtschattengewächse der Domstadt ein gefundenes Fressen. Die Männer in Frauenkleidern wollte man gesehen haben! Schon bald dachte sich der Inhaber einen sehr speziellen Gag aus. Gegen eine bestimmte Summe Geldes erhielten die Gäste einen Schlüssel, mit dem sie sich, während der Öffnungszeiten, Zutritt zum Lokal verschaffen konnten, als wäre es ihre Zweitwohnung. Damit gab er ihnen das Gefühl, in besonderer Weise Insider zu sein – ich schätze, rund hundertfünfzig Schlüssel befanden sich in Umlauf.

Die Konzession wurde lediglich bis ein Uhr nachts erteilt, aber weil wir erst um elf mit der Vorstellung anfingen, schlossen wir meist nicht vor sechs Uhr morgens. Anfangs strömten die Nachtfalter der Stadt im Madame Arthur zusammen, das Spektrum unserer Gäste reichte von arm bis reich, von solide bis halbseiden, von jung bis alt.

Wohlhabende Geschäftsleute brachten ihr Geld unters Volk, Trottoirschwalben und die Damen aus dem Café Wolschke entspannten nach Dienstschluß bei einem Sekt oder drehten noch mal richtig auf.

Viele Schlagerstars der frühen Bundesrepublik hatten den Siegeszug der englischen Rock- und Popmusik mit einem schweren Karriereknick bezahlt. Evelyn Künneke, Iska Geri, Angele Durand und Nana Gualdi tingelten und fanden sich nach phänomenalen Erfolgen in den fünfziger und sechziger Jahren nun im Showprogramm zwielichtiger Clubs und Travestieschuppen wieder. Das war bitter. Ich erinnere mich noch sehr gut, wie Nana Gualdi einmal kleinlaut während einer Probe zu mir sagte: »Herr Götting, ich habe andere Zeiten hinter mir. Daß ich heute in solchen kleinen, unheimlichen Schuppen tingeln muß, ist eher Not als Tugend. Ich habe regelrecht Angst davor, hier bei Ihnen aufzutreten.« Diese Frau, deren Lieder wie »Junge Leute brauchen Liebe« oder »Sole, sole, sole heißt die liebe Sonne« einmal ein großes Publikum begeistert hatten, war verunsichert. Sie tat mir leid. Ich lächelte sie ermutigend an: »Frau Gualdi, ich bin doch bei Ihnen! Ich stehe immer hier an der Seite der Bühne, und wenn Sie ein ungutes Gefühl beschleicht, sehen Sie mich einfach an. Ich lasse dann meinen Rundblick kreisen und sorge schon dafür, daß alles in Ordnung ist.«

Die Vorstellung hatte noch nicht begonnen, da klingelte es an der Tür. Vor mir stand ein dicker, steinalter Mann mit Glatze. Unauffällig und unscheinbar, wie er war, dachte ich sofort, er habe sich verlaufen: »Verzeihung, ich möchte Sie darauf hinweisen, daß es sich hier um ein Travestielokal handelt. Meinen Sie, Sie sind hier richtig?« Er sah mich mit ironisch blitzenden Augen an und sagte: »Darf ich mich vorstellen, mein Name ist Marcel André, ich arbeite im nächsten Monat hier.«

Noch heute reiten die Travestiekünstler auf Marcel Andrés geistreichen Witzen herum. Längst verblichen, ist er der meistzitierte Star seiner Zunft. Seine messerscharfe Ironie, seine Ausstrahlung und Bühnenpräsenz suchen bis heute ihresgleichen. Die Souveränität und in sich ruhende Art, mit der er seine Conférencen und Nummern vortrug, erscheinen mir bis heute einmalig. Er besaß jahrzehntelange Bühnenerfahrung, war inzwischen über jede Gefallsucht erhaben und verkörperte eine Gelassenheit, die vielen seiner Kollegen bitter zu wünschen wäre. Marcel Andrés Moderationen waren eindeutig zweideutig, und selbst wenn seine Anspielungen schlüpfrig wurden – aufdringlich waren sie nie. Als geborener Wiener verstand er sich auf eine Mischung aus hintersinnigem Charme, Diskretion und Savoir-vivre. Manch einer in dem Gewerbe denkt, so scheint es mir, die Liebe zum Applaus reiche als Qualifikation für eine Bühnenlaufbahn aus. Entsprechend flach fallen die Vollplayback-Shows und müden Witzchen oft aus. Das Publikum fühlt sich am Ende mißbraucht von der komplexbeladenen Eitelkeit mancher Unbegabten – die nur mit einem Wasserwerfer von der Bühne zu entfernen sind.

Marcel André, Jahrgang 1912, hatte schon als Sechzehnjähriger für die Huren der Kärntnerstraße in Wien Blusen genäht, seit 1938 arbeitete er als Kostümschneider für die Größen des deutschen Films – von Elisabeth Flickenschildt bis Hildegard Knef. »Naja, und dann habe ich für die ganzen Filmweiber die Fummel gemacht«, kommentierte er seine UFA-Zeit. Seinen Stars stellte er sich mit süffisantem Lächeln als »Fetzenjule« vor. In den ersten Nachtclubs der Alliierten in Berlin trat er mit Partien aus der »Lustigen Witwe« auf. In den siebziger Jahren, obwohl bereits im Rentenalter, arbeitete er noch immer, gewissermaßen als Königinmutter aller Nachtschattengewächse. Gehüllt in bodenlangen Brokat, unter feuerroter Perücke, zwei Schönheitsflecke aufs Make-up getupft, donnerte André mit Zarah-Stimme Chansons von Kreisler, Brecht/Weill und Günther Neumann. Wenn er einmal auf der Bühne stand, konnte ihn nichts erschüttern. Nach einem schillernden Leben, in dessen Verlauf er eine Menge durchgemacht hatte, erwartete er von Publikum wie Kollegen Respekt; distanzlose Verbrüderungen und plumpes Duzen lagen ihm nicht – ganz alte Schule.

Als in den siebziger Jahren immer mehr Transvestiten die Kleinkunstbühnen stürmten, meinte André zu mir: »Heutzutage ist doch schon jede zweite Frau, der Sie nachts auf der Straße begegnen, ein Mann.« Er ließ über dem Kunstbusen »als einen Hauch von Nerz«, wie er bemerkte, das Brusthaar sprießen. Auf das straßüberfunkelte Getöse seiner jüngeren Kolleginnen, die einzig auf Schönheit setzten, sah er herab. Das mag ein Grund dafür gewesen sein, daß viele

Fummeltrinen ihn nicht mochten. Auch der Neid auf sein Können mag dabei eine Rolle gespielt haben.

»Herr André, erzählen Sie!« – ich liebte es, ihm zuzuhören, er war eine wahre Fundgrube für Bühnengeschichten und ein glänzender Erzähler. Während eines Auftrittes im Berliner Transenschuppen Chez Nous entdeckte er einmal Heinz Oestergaard – heute ein lieber Freund von mir – im Publikum. Oestergaard, berühmt geworden als Modeschöpfer vor allem durch die Zusammenarbeit mit der Versandhaus-Königin Grete Schickedanz und der daraus entstehenden »Mode für Millionen«, führte an diesem Abend Geschäftspartner in die Welt der Berliner Herren-Damen: Marcel André reagierte sofort, sprach Oestergaard direkt an und flocht Episoden aus ihrer gemeinsamen Lehrzeit als Schneider im Vorkriegs-Berlin in die Conférence ein. Schließlich bemerkte André spitz und voller Selbstironie: »Ich habe ja nun die Nähmaschine hinter mir gelassen und gegen die Bretter, die das Geld bedeuten, eingetauscht.« Dann setzte er eine Pause, ließ ein kurzes Lächeln aufblitzen, zeigte auf Oestergaard im Publikum: »Und *die* näht immer noch!«

Mich im Madame Arthur als Conférencier auf der Bühne zu präsentieren, bei den Transen der Hahn im Korb zu sein, das bereitete mir sehr viel Spaß. Ich lernte viele der Paradiesvögel privat kennen. Es war für mich jedes Mal ein aufregendes Erlebnis, wenn neue Künstler kamen, neue Charaktere Bühne und Garderoben füllten. Natürlich waren sie ziemlich problematisch und kompliziert, aber aus einfachen Zutaten kann man eben kein besonders raffiniertes, exotisches Mahl bereiten. Ich akzeptierte ihre Eigenheiten, mein Part gefiel mir: Wenn aufgerüschte Tunten in der Garderobe zu Hyänen wurden, griff ich ausgleichend ein, beruhigte die aufschäumenden Temperamente und vermittelte.

Schon ein Jahr nach Eröffnung war im Madame Arthur der Anfangsschwung dahin, der Laden praktisch am Ende. Zwar konnte unser Programm sich sehen lassen und fand auch beim Publikum eine positive Resonanz, dennoch reichte der Zuspruch nicht, um finanziell über die Runden zu kommen. Oft genug konnte der Geschäftsführer morgens, wenn alle nach Hause aufbrachen, die Gage nicht bezahlen. Zudem waren in der Nachbarschaft Beschwerden lautgeworden, die Polizei begann uns auf die Finger zu gucken, vor allem wegen des freizügigen Umgangs mit der Konzession.

Büb Kriech hatte sich mit seinem Nachtclub einen Traum erfüllen wollen – auf dem Montmartre hatte er das Madame Arthur gesehen und war begeistert. Voller Ehrgeiz nahm er mehr Künstler unter Vertrag, als die Einkünfte hergaben – es traten bis zu sechs verschiedene Artisten auf, wir aber hatten zu wenig Plätze und bald auch zu wenig Gäste. Kriech sagte: »Der Laden treibt mich in den Ruin. Alles, was ich mit meiner Gebäudereinigungsfirma erwirtschafte, stecke ich ins Arthur, und trotzdem reicht es hinten und vorne nicht. Wir müssen Schluß machen, heute ist der letzte Abend.«

Grund für die Arthur-Pleite war vor allem, daß einige in die eigene Tasche gewirtschaftet hatten und Kriech, kein Profi und neu im Nachtclubgeschäft, sich bei den Verhandlungen um die Gagen oft genug hatte über den Tisch ziehen lassen. Wieder rächte sich mein fataler Hang zu aussterbenden Berufen. Als Conférencier eine neue Stellung zu finden war ungefähr genauso aussichtsreich wie als Straßenbahnschaffner. Dachte ich.

Doch schon bald ging es weiter: »Guten Abend, meine Damen und Herren! Wir begrüßen Sie im Namen der Direktion des Hauses Moulin Rouge – Tingel-Tangel und wünschen Ihnen einen angenehmen Aufenthalt, viel Vergnügen und gute Unterhaltung. In wenigen Minuten beginnen wir mit unserem internationalen Nonstop-Programm. Lassen Sie sich faszinieren! Erleben Sie hier bei uns auf der Bühne bezaubernde junge Damen aus Deutschland und aller Welt! Als nächstes habe ich die Ehre, Ihnen den Striptease-Star der Superlative – La bella Imperia – anzukündigen! Empfangen Sie die Künstlerin bitte mit einem kräftigen Applaus!«

Ich legte das Mikrofon aus der Hand und startete die Kassette mit der Auftrittsmusik. Der schwere bordeauxrote Samtvorhang öffnete sich. Auf der Bühne nichts als ein überdimensional großer, lasziver Mund. Mit den einsetzenden Klängen der Musik schob sich langsam ein wohlgeformtes Bein zwischen den Kunstlippen hervor, dann ein strammer Po, dann beide Beine, die Brüste und zum Schluß La bella Imperia in ihrer ganzen Pracht und Schönheit – das Publikum starrte fasziniert auf die Bühne.

Das Interieur des Moulin Rouge – Tingel-Tangel lehnte sich stark an Pariser Flair an. Oder was man dafür hielt. In die Wände des Saals waren Schaufenster eingelassen, die den Blick freigaben auf leicht angestaubte Perückenköpfe, Brennscheren und Lockenwickler, im nächsten Fenster reizten verschossene Dessous in allen Formen und Größen. Ein paar Schritte weiter lud das Champagner-Séparée – wenn man ganz unter sich sein wollte. Dort schützte ein kunstvoll drapierter Florentiner-Store vor neugierigen Blicken.

Als ich im Tingel-Tangel meine Stellung als Conférencier nach dem Ende des Madame Arthur Mitte der siebziger Jahre antrat, bestritten Abend für Abend bis zu siebzehn Künstler das Programm. Dennoch waren die Blütezeiten des Nachtclublebens in Köln, die bereits kurz nach Ende des Zweiten Weltkrieges eingesetzt hatten, vorüber: 1946 hatte als erstes in Köln-Deutz die Ha-Mo-Bar eröffnet, benannt nach dem Besitzer Hans Mohr, später dann die Bobby Bar im Dau, die Orchidee Bar auf der Schildergasse und eben auch das Moulin Rouge. An der Pforte empfing Portier Willi, respektheischend im stämmigen Speck, die Gäste: in goldgeschmückter Livree und Epauletten firmierte er als das Aushängeschild des noblen Clubs und sorgte dafür, daß zahlungsunfähiges Gesindel oder Radaubrüder dem Lokal fernblieben. In den Anfängen, zu Zeiten des Wirtschaftswunders, ging es hier zwar auch nicht ganz harmlos zu, doch die Hände blieben noch auf dem Tisch. Damals nannten sich die Stripteasetänzerinnen Schönheits- oder Kostümtänzerinnen. Das Ordnungsamt und die Herren von der

»Sitte« achteten peinlich darauf, daß sich keine Tänzerin auf der Bühne ganz auszog. Die Brustwarzen verbargen sich hinter kleinen Schamhütchen aus Straß oder Kunstperlen, die mit Mastix befestigt waren. Auch die Schrittbänder – im Jargon »Keilriemen« oder »Ritzefeger« – wurden in Größe und Machart vom Ordnungsamt vorgeschrieben. An die Tischdamen oder auch Konversationsakrobatinnen, ohne die kein Nachtclub bestehen konnte, stellte man hohe Ansprüche. Um 21 Uhr traten sie ihren Dienst an, selbstverständlich wie aus dem Ei gepellt – mit frisch ondulierten oder toupierten Haaren, im großen oder kleinen, natürlich schwarzen Abendkleid. Die Direktion sah es schon wegen der Messegäste gern, wenn die Damen ein oder zwei Fremdsprachen beherrschten und eine gute Allgemeinbildung (wo auch immer) erworben hatten.

Nachdem gegen Ende der sechziger Jahre fast alle großen Varietés hatten schließen müssen, war mit der züchtigen »Rühr mich nicht an-Welle« kein Geld mehr zu verdienen. Die Barbesitzer mußten sich etwas einfallen lassen. Dolleck Rehaut, mein erster Chef im Moulin Rouge, war um Ideen nicht verlegen. Im Schaukasten vor dem Haus brachte er ein Schild an: »Unsere Striptease-Vorführungen sind gewagt. Gäste, die daran Anstoß nehmen, werden gebeten, das Cabaret nicht zu betreten.« Was ich zu dieser Zeit alles zu sehen bekam, trieb mir die Schamröte ins Gesicht. Erst mit der Zeit gewöhnte ich mich an die Schlüpfrigkeiten – schließlich waren die Gäste ganz begeistert und brachten oft sogar ihre Ehefrauen mit in die Vorstellung.

Dina und Dolleck Rehaut werden mir immer unvergessen bleiben. Sie waren polnische Juden – er ein spitzbübisches Schlitzohr und sie ein gutmütiges Frauenzimmer. Dolleck lebte und starb für das Programm. Anscheinend schlief er nie: Nachts arbeitete er im Tingel-Tangel, tagsüber dachte er sich neue Nummern aus, mit denen die Haustänzerinnen die Vorstellungen würzen sollten.

Die »scharfe Welle« rollte durchs Metier, und Dolleck begann sich auf die »Ausbildung« der Haustänzerinnen zu spezialisieren. Bei den Proben übernahm er die Rolle des – während der Vorstellung von der Tänzerin imaginierten – Mannes. Mit allen Konsequenzen. Dolleck übte eines Nachmittags auf einem großen Bett mit einer Tänzerin recht lebensnah und leidenschaftlich einen choreographischen Akt ein, da flogen von der Bühnenseite zwei volle Plastiktüten und trafen die Akteure empfindlich. Vor dem Lotterbett baute sich Dina Rehaut auf. Der folgende Wortwechsel war kaum zitierfähig, die künstlerische Laufbahn der Tänzerin beendet und Dollecks Steckenpferd, die Ausbildung, fortan untersagt. Da duldete Dina keinen Widerspruch.

Üblicherweise tauchte sie erst nachts um eins im Tingel-Tangel auf, wie eine Fata Morgana stand sie plötzlich in der rundbogenähnlichen Eingangstür, stöckelte – die Augen rechts, die Augen links – zur Stehbar, murmelte vor sich hin, strich mit der Hand über Bar und Thekenblech, nickte mit dem Kopf und war über alles im Bilde. »Guten Morgen, Frau Rehaut, haben Sie gut geschlafen?« fragte das Personal artig. »Ich habe nicht geschlafen, ich habe gebügelt ganze Nacht!«

Stellte sie fest, daß ihr Dolleck zu tief ins Glas geschaut hatte, huschte sie wortlos in sein Büro, half ihm in den Mantel und sagte: »Sei nett, gäh!« Dann mußte der Portier den Chef bis zur Straßenecke eskortieren und aufpassen, daß Dolleck im richtigen Hauseingang verschwand.

Dina trug wasserstoffblonde Haare, die sie meist mit einem Wollband mäßigte, bevorzugte ärmellose Kleider und sah damit aus wie eine Metzgersfrau im Hochsommer. Auf einem Arm war eine Nummer eingebrannt: 4360. Sie stammte aus einem KZ der Nazizeit. Doch über ihre Leidenszeit sprach sie nie. Morgens machten die Mädchen mitunter dumme, antisemitische Bemerkungen über diese Nummer und ihre Herkunft. Dina trug das mit großer Gelassenheit und sagte nur: »Seien Sie nett, gähen Sie und schlafen Sie sich aus!« Ich schämte mich für die Bemerkungen, wer wußte schließlich, was diese Frau durchgemacht hatte. Zugleich beeindruckte Dina mich mit ihrer souveränen Reaktion.

Als die Rehauts merkten, daß mit Striptease nicht mehr das große Geschäft zu machen war, inserierten sie den Laden in einer Gastronomiezeitung zum Verkauf.

Franz Berg, der neue Inhaber, war ein gelernter Schlachter, zu Geld gekommen im Obst- und Gemüsehandel. Und auch wenn die Familie Berg schon in Wilhelmshaven ein Nachtlokal betrieben hatte, so glaube ich doch, daß die nördlichen Kaufleute nicht so recht wußten, auf was sie sich hier eingelassen hatten.

Die vermeintliche sexuelle Revolution entließ ihre Kinder, das Geschäft mit leiblichen Dingen machten vor allem ambulante Anbieterinnen. Ihre körperlichen Reize, Ekstase-Versprechen und Telefonnummern füllten den Anzeigenteil der Boulevard-Zeitungen. Sexkinos, Massagestudios und Saunaclubs hatten Hochsaison, die Konversation im Vorfeld erschien zunehmend altmodisch. Franz Berg raufte sich die Haare und meinte: »Glauben Sie, heute kommt noch einer hierher, nur um sich Kasperle-Theater anzugucken? Unsere Stripperinnen sind ja gut und schön, aber für den, der Nackte sehen will, gibt es inzwischen die Pornokinos. Wir brauchen den Nahkampfeinsatz!«

Ohne die Séparées ging nichts mehr. Viele Besucher spekulierten darauf, mit den Damen irgendwann zu entschwinden. Zunächst fing alles ganz harmlos an. Die Serviererin fragte den Gast: »Verzeihung, darf die Dame an Ihrem Tisch mittrinken?« Anschließend notierte sie die Bestellung und vermerkte die Tischfrau, die zum Verzehr animiert hatte. Am frühen Morgen wurde die Provision abgerechnet.

Wenn der Gast und »seine« Konversationsakrobatin ausgemacht hatten, ihre Begegnung im Séparée fortzusetzen, erhob sie sich, puderte auf der Toilette ihre Nase nach, während der Gast die Zeche zahlte. Hinter dem Florentiner-Store trafen sie sich wieder. Das Publikum, das ausschließlich wegen des Varietés gekommen war, bekam nichts davon mit.

Im Séparée wurde nicht etwa die körperliche Ertüchtigungsleistung bezahlt, sondern alles, was dort geschah, rechnete man über die Trinkprozente ab. In den kleinen »Schutzräumen« nämlich galten Extra-Karten mit Extra-Preisen. Wenn die Mädchen im Séparée tüchtig waren, erhöhte sich somit auch ihr Anteil am Getränkeumsatz um ein Erkleckliches. Seitens der Geschäftsleitung war es keine Bedingung, daß die Frauen dort mit den Gästen etwas anstellten, es ergab sich freilich meist. Wenn sie aber für ihre Leibesübungen die Hand aufhielten, dann war die Hölle los. Genauso wie Franz Berg fuchsteufelswild werden konnte, wenn eine der Frauen nach Lokalschluß noch ins Hotel mitging. Prostitution – um Gottes Willen! Nach außen hin blieb der Schein gewahrt: ein Cabaret mit Weltstadtprogramm, ein gepflegtes Haus. Ehepaare saßen händchenhaltend da, ohne zu ahnen, daß wenige Meter weiter der Ehebruch zum Programm wurde. Eine doppelbödige Moral. Ich versuchte mich herauszuhalten: ich war Conférencier. Punkt, Schluß, Aus. Abend für Abend ab 22 Uhr hielt ich, so gut ich es vermochte, das gute alte Varieté hoch. Und diese Aufgabe nahm ich ernst: Wenn der Vorhang klemmte oder der Diaapparat hängenblieb, war ich todunglücklich und fühlte mich in meiner Berufsehre gekränkt. Andererseits gab mir der Platz an der Beleuchtungsanlage auch eine gewisse Macht: Hatte mich eine der Damen verärgert, legte ich grüne Scheiben vor den Scheinwerfer, und die betörende Tänzerin nahm das Aussehen einer Wasserleiche an.

Wie wohl jeder dieser halbseidenen Clubs hatten auch wir einzelne Nummern im Programm, die schlicht unzumutbar waren: Die zartbesaitete Sängerin Vivian Claude etwa sang so falsch, daß die Gäste ihre Lachkrämpfe kaum unterdrücken konnten. »Ich bin eine Künstlerin, ich habe es nicht nötig, vor Leuten zu singen, die über mich lachen«, fiepte sie, legte das Mikrofon aus der Hand und verließ mit schnippischer Miene die Bühne. Ihre Glanznummer war »La vie en Rose«. Da konnten selbst die Tischfrauen nicht mehr an sich halten, Edith Piaf hätte sich im Grab umgedreht. Alles, was Vivian an Gage aus dem Hause schleppte, trug sie schon am nächsten Tag ins Reformhaus Debes am Apostelkloster. Sie ernährte sich von Ballaststoffen, Beruhigungstabletten und Ginsengwurzeln, lebte in der ständigen Angst, man wolle sie vergiften – und sah unnatürlich gesund aus.

Kundschaft wie Künstler im Tingel-Tangel unterschieden sich deutlich von denen im Madame Arthur. Zwar arbeiteten bei uns einige Transsexuelle, aber davon hatte Franz Berg, rechtschaffener Kaufmann und als Chef stets korrekt und zuverlässig, nicht den Schimmer einer Ahnung. Eines Abends Tumult im Séparée: Ein Gast brüllte etwas von Betrug und Schweinerei. »Ich denk, ich hab ein wollüstiges Weib im Arm, und dann ist das ein Kerl.« Franz Berg stieß mich an: »Haben Sie sowas schon erlebt, der muß doch verrückt sein. Carmen Conchita ein Kerl. So ein Unsinn!«

Der Gast hatte aber recht. Carmen Conchita bog es sonst immer so hin, die Freier derart aufzuheizen, daß ihr nach hinten gebundenes Geschlecht ihr Geheimnis bleiben konnte. Nun hatte ihr wohl doch mal einer in den Schritt gefaßt.

Carmen Conchita war die ungekrönte Königin aller Konversationsakrobatinnen: Sie sah umwerfend aus mit ihren feuerroten Haaren, war immer elegant gekleidet und konnte jedes stockende Gespräch in leichten Fluß bringen. Stellte ein Gast sich stur, dann kam Carmen, sah und siegte. Zehn bis zwanzig Flaschen Cidre Umsatz am Abend waren keine Seltenheit. Dieses Gesöff war so ziemlich der Gipfel des »Mehr-Schein-als-Sein« im Tingel-Tangel. Die Strumpflöcher zogen sich einem zusammen, und auch wenn nur Bruchteile des Apfelweins durch unsere Kehlen rannen, galt leichter Durchfall als Berufskrankheit.

Ich stand bei unseren Tischfrauen in dem Ruf, gut »schütten« zu können. Sie baten mich an den Tisch, denn hätten die Damen den ganzen Cidre, Sekt oder Champagner, den die Gäste ihnen ausgaben, trinken müssen, wären sie schon nach zwei Stunden haltlos blau gewesen. Zu meinen Füßen deponierte ich einen Eimer, der mit einem Putzlumpen präpariert war. Breit lächelnd stießen wir mit unserem edlen Spender an, schoben aber während des Gespräches unauffällig die Gläser auf dem Tisch rundherum. Meine Aufgabe war es, ein Glas nach dem anderen dezent in den Eimer zu schütten. Leer reihte ich das jeweilige Glas anschließend wieder in den Kreisverkehr ein. Nur einmal flogen wir mit dieser Masche auf, da mußten die Damen allen Charme aufbieten, damit der Gast sich wieder beruhigte. Es waren wohl Hunderte von Litern Champagner, die wir schließlich das Klosett hinunterspülten.

Als ich bei Bergs anfing, hatten wir mehr als ein Dutzend Künstler im Programm – es war ja ein riesiger Schuppen. Vom Varieté der alten Schule mit Illusionisten, Fakiren, Bauchrednern und Schnellrechnern über philippinische Tanzgruppen bis zum heiß-obszönen Striptease. Die Tänzerinnen vermittelte uns eine Kölner Künstleragentur. Teilweise nahm sie Modelle unter Vertrag, denen eigentlich ein geruhsamer Lebensabend zu gönnen war und deren Brüste den Gesetzen der Schwerkraft nichts mehr entgegenzusetzen hatten. Wir freuten uns zwar immer, wenn alte Bekannte ein Engagement bei uns bekamen, aber als Beleuchter hatte ich oft meine liebe Not. Bei Gitta Peterson aus Düsseldorf zum Beispiel mußte ich allerhöchste Vorsicht walten lassen. Von Beleuchtung konnte gar keine Rede sein – ein fahler bunter Strahlenkranz, das war das höchste der Gefühle. Wenn der Chef oder das Publikum sie einmal im Hellen gesehen hätten, wäre sie das Engagement sofort losgewesen. Zwar trat Gitta in wunderschönen Kostümen auf und tanzte auch wie eine Elfe, aber je weniger Stoff sie verhüllte, desto deutlicher sah man die Zeichen der Zeit. Selbst rotes Licht wäre für die gute Gitta schon zuviel gewesen. Sie war ein sehr heller Typ, die blauen Adern zeichneten sich unter der weißen Pergamenthaut deutlich ab – ein Fall für den Denkmalschutz! Zum Schluß ihres Engagements schenkte sie jedem eine handgemachte Puppe, wir mochten sie, und sie mochte uns – Gitta wußte mein schmeichelndes Licht zu schätzen.

Eleonore verknotete sich von Kindesbeinen an. Sie war ein uralter Bühnenhase, schon als Achtjährige trat sie im Zirkus auf. Ihre ausgeprägte Vorliebe für Whisky entdeckte sie wohl erst später – sie war legendär und mitunter verhängnisvoll. Wenn Eleonore total verknotet auf der Bühne stand, die Beine hinter dem Nacken, die Arme wer weiß wo, rächte sich die Großzügigkeit der Barkeeper. Voll wie ein Eimer fiel Eleonore scheppernd in die Kulissen. Franz Berg stöhnte: »Meine Güte, wer hat der Frau schon wieder so viel Whisky gegeben.« Das Publikum saß etwas irritiert im Saal, ich gab ihr einen Vorhang, legte schnell eine Platte auf, eilte auf die Bühne und hatte meine liebe Not, die Betrunkene auseinanderzufalten.

Ein besonderes Highlight war Eleonores ägyptische Nummer, wichtigstes Requisit: ein Sarkophag. Mir oblag es, Eleonore vor der Cleopatra-Show wie eine Mumie in ein ellenlanges, zerschnittenes Bettuch einzuwickeln und sie anschließend im Sarkophag zu verstauen. Wenn der Vorhang aufging, sah man im geheimnisvollen Ultralicht nur den stehenden Sarkophag. Langsam öffnete sich der Deckel, Eleonore trippelte über die Bühne – ihre Gesichtshälften wollten schon längst nicht mehr so recht zueinander passen –, drehte sich aus dem Tuch heraus und wickelte sich, ohne es zu merken, dabei im Vorhang wieder ein. Peinlich, peinlich, Franz Berg hob die Hände vors Gesicht. Normalerweise hätte man ja einen Vorhang geben können, aber so konnte man nur hoffen, daß Eleonore sich irgendwann wieder enttüderte.

Seit Rehauts »Programm-Reform« waren die sogenannten scharfen Nummern fester Bestandteil des Programms. Der Hamburger Radiosprecher Blaustein hatte für diese Nummern Bänder besprochen: Untermalt von Musik ließ er seiner außerordentlich schmutzigen Phantasie freien Lauf, seine Stimme war mehr als verrucht, die Texte versaut. Die Tänzerinnen bewegten sich wie Marionetten zu den Anweisungen vom Band: »Und nun, liebe Ria, zeige den Gästen von hinten dein rehbraunes Auge, die bundesdeutsche Ackerfurche – das geteilte Deutschland.« Dazu mußte sich die Tänzerin mit dem Rücken zum Publikum tief bücken.

Der Text zur Vibratornummer nahm sich nicht besser aus: »Den Herrschaften in der ersten Reihe juckt schon das Alimentenkabel!« Selbst diese Passagen, im Vergleich zu vielen anderen Obszönitäten eher harmlos, waren mir furchtbar peinlich, vor allem wenn Bekannte oder Freunde im Publikum saßen.

Nachmittag eines Faun« hatte Achim Aufmwasser den sechsseitigen Artikel in der Zeitung Mode und Wohnen überschrieben, der sich meiner Sammlung und mir widmete. Die Würdigung und die Aufmerksamkeit bestärkten mich. Selbst mein Onkel Dr. Karl Löber, Sammler, Historiker und Ehrenbürger meiner Heimatstadt Haiger, zeigte sich beeindruckt. Vorher war ihm immer sehr suspekt gewesen, daß ich in »Bars« mein Geld verdiente. Seit dem Artikel sah er großzügig darüber hinweg – ich war in seinen Augen rehabilitiert. Nach der Juni-Ausgabe 1978 von Mode und Wohnen war ich mit einem Schlag kein ganz Unbekannter mehr.

Ich stellte etwas verwundert fest, daß nun nach und nach immer mehr Medienleute sich für den »Typ« Götting interessierten. Oft zischen die Leute: Wieso steht der Götting eigentlich dauernd in der Zeitung? Drängt der sich so den Journalisten auf? Das ist natürlich Quatsch. Der eine Pressemann liest etwas bei einem anderen und eifert ihm nach.

In dieser Zeit drehte sich mein Leben um meine Sammlung, die Arbeit als Conférencier – und um meine Tiere. Vor allem um die prächtige Dogge Ivo von Haus Urfey und meinen Chow-Chow Wotan Wahnwitz, die einen zentralen Platz in meinem Leben einnahmen. Bis heute hat man mich selten ohne einen vierbeinigen Freund gesehen. Ivo, Wotan und mich nannte man in Anlehnung an den Karneval das Kölner Dreigestirn. Meine Hunde begleiteten mich ins Kino, zum Zahnarzt oder ins Restaurant, sie nahmen an meinem Leben teil. Zwischen ihnen und mir bestand nie ein klassisches »Herr und Hund«-Verhältnis. Ich behandelte meine Tiere so, wie ich mir selbst wünschte, behandelt zu werden. Mit dem Großmütter in die Verzweiflung treibenden Modewort der siebziger Jahre nannte man das antiautoritär. Ich habe schon den Widerspruch der Hundevereinsvorsitzenden im Ohr, dennoch: Es ist möglich. Das Bild vom Hund als treuem Diener spricht den Tieren im Grunde die Persönlichkeit ab. Eine devote Haltung ist mir bei Menschen wie bei Hunden zuwider, deshalb zwinge ich meine Hunde nie, das zu tun, was ich will. Meine Hunde sind eigensinnig, dickköpfig, haben Charakter – und die Herzen fliegen ihnen zu. Sie sollen sich nicht unterwerfen müssen. Einerseits. Andererseits muß ich immer zusehen, daß ich der Rudelführer bleibe. Das ist eine Gratwanderung, aber es lohnt sich: Obwohl die Tiere natürlich von mir abhängen, sind sie stolz – fern der sprichwörtlichen hündischen Ergebenheit. Manchmal durften sie sogar den Weg bestimmen, den wir einschlugen. Leinenzwang gab es nicht – die Tiere folgten mir freiwillig. Und bis heute mußte ich niemanden vor meinen Hunden schützen.

Bald kamen weitere Tiere dazu, meine schwarze Dogge Valentino und die graugetigerte Dogge Ivo II. Fürst von Metternich sowie meine über alles geliebte Promenadenmischung Nicki. Tiere, die ich vor einem ungewissen Schicksal oder der tödlichen Spritze, euphemistisch als »Einschläfern« umschrieben, bewahrt hatte.

In meiner Küche standen noch ein Paar Hasenställe, für die Langohren, die Schlangetta damals verschmäht hatte. Und weil sich meine Tierliebe in Köln herumgesprochen hatte, brachten die Leute sogar Katzen zu mir. Spätestens, wenn ich den Satz hörte, »dann müssen wir sie einschläfern lassen«, wurde ich weich. Obwohl ich nie eine Katze haben wollte, lebten bis zu dreiundzwanzig in meinem Haushalt. Das hielt mich ganz schön in Atem. Jeden Morgen, wenn ich aus dem Nachtleben in meine Wohnung zurückkehrte, versorgte ich zunächst die Tiere. Dann erst ging ich zu Bett.

* * *

Meine Sammlungen – von Schaufensterfiguren über Keramik bis zu Accessoires und Möbeln – waren in eingeweihten Kreisen kein Geheimnis mehr. So lernte ich die Oberstudiendirektorin Dr. Maria Flaam kennen. Ihre Fünfziger-Jahre-Villa am Stadtrand von Köln war bis unters Dach vollgestopft, vor allem mit Jugendstilobjekten und Devotionalien. Die hager-agile Witwe führte mich durch ihr Privatmuseum, erläuterte die Geschichte ihrer Ikonen, Reliquienbilder und Rosenkränze. Nirgendwo an den Wänden war auch nur ein Fleckchen freigeblieben. Im Wintergarten drängten sich Lanzen, Lederschilde, Steinwerkzeuge und Holzmasken – hier hatte Frau Dr. Flaam ihre afrikanische Abteilung eingerichtet. Im Eßzimmer untersuchten wir kleine Plastiken, drehten und wendeten ein Kaffeeservice von Peter Behrens, das er 1910 für die Porzellanmanufaktur Selb entworfen hatte. Behrens war einer der ersten, der Massenartikel gestaltete – zum Beispiel eine sechseckige Elektrokanne für die AEG. Er gilt bis heute als Vorreiter der modernen Industriekultur, bediente sich bei seinen Entwürfen unterschiedlicher Formensprachen – Jugendstil, Art déco und Bauhaus – und war Lehrer von so bedeutenden Architekten wie Walter Gropius, Ludwig Mies van der Rohe und Le Corbusier.

Im Eßzimmer war der Tisch bereits gedeckt, doch Maria Flaam war so in Fahrt, daß die Haushälterin erst nach mehrmaligem Klopfen die feine Tomatensuppe auftragen konnte – Haushälterin und Suppenteller mit weißen Häubchen verziert. Mit der Lupe nahmen Maria Flaam und ich Lampen, Vasen und Geschirr in Augenschein, tauschten Wissen aus über die Entwürfe von Edgar Brandt, René Lalique, Koloman Moser bis Josef Hoffmann, begeisterten uns für die Arbeit der Wiener Werkstätten und der Firma Thonet.

Der Kölnische Kunstverein wollte die Oberstudienrätin dafür gewinnen, sich an einer Ausstellung zu beteiligen. Sie las mir den Brief vor, ich bemerkte ihre zwiespältigen Gefühle. Einerseits fühlte sie sich geehrt, andererseits sorgte sie sich. Dann nahm sie mich scharf ins Visier und sagte: »Herr

Götting, ich bin alt, ich wohne hier soweit außerhalb. Wenn ich meine Sachen ausstelle, werden die Leute aufmerksam auf meine Sammlung. Ich möchte das nicht, Einbrecher haben mir gerade noch gefehlt. Wollen Sie sich nicht statt meiner an dieser Ausstellung beteiligen?«

Ich freute mich über ihren Vorschlag. Nach einem Gespräch mit Dr. Wulf Herzogenrath, dem damaligen Leiter des ältesten Kunstvereins Deutschlands, war es beschlossene Sache: Als einer von über dreißig Ausstellern sollte ich aus meiner Sammlung etwa sechzig Beleuchtungskörper beisteuern. Prunkstück war eine Arbeit von Edgar Brandt, einem der berühmtesten Kunsthandwerker des 20. Jahrhunderts. Der zwei Meter hohe, schmiedeeiserne Illuminator ruht auf einem schweren, kreisrunden Sockel; aus filigran gearbeiteten Gingkoblättern am Fuß wachsen vier Träger, die sich nach oben hin verjüngen, eine zartgelbe Glasschale halten und in Gingkoblättern auslaufen. Aber auch eine typische Fünfziger-Jahre-Leuchte stellte ich aus – zwei schlanke Messingarme streben empor zu zwei kegelförmigen Schirmen, elfenbeinfarben und von netzartiger Oberflächenstruktur. Tischleuchten, Reflektoren, Wandlampen von der Jahrhundertwende bis zu den frühen Siebzigern komplettierten die Zusammenstellung.

»Gesammelt in Köln« hieß die Exposition 1981 – das Rahmenprogramm mit Sammlerbörse und Tanzveranstaltungen zog immer wieder Besucher an, die Ausstellung war ein so großer Erfolg, daß sie verlängert wurde. Mein Ehrgeiz erwachte. Als »Gesammelt in Köln« zu Ende ging, sagte ich zu Dr. Herzogenrath: »Ich möchte gerne mal auf den achthundert Quadratmetern des Kunstvereines nur mit meinen Objekten eine Ausstellung gestalten – ohne Architekten, der hier kleine Hasenställe, sogenannte Kojen, aufbaut, ich möchte den ganzen Raum großzügig und transparent halten.« Herzogenrath war erfreut: »Lassen Sie nur ein bißchen Zeit ins Land gehen, dann komme ich darauf zurück.«

* * *

Köln hatte sich verändert, vom Reiz der Wirtschaftswunderära war nicht viel übrig geblieben: Zu Beginn der achtziger Jahre waren schon viele Geschäfte, Fassadengestaltungen, kunstvolle Schaufensterfronten, Cafés und Leuchtreklamen, die jahrzehntelang das Bild bestimmt hatten, verschwunden – meistens über Nacht, spurlos. Sie fielen der Zerstörung anheim, fanden ein würdeloses Ende in Containern und auf Müllplätzen. Statt dessen gaben der Stadt jetzt lieblos gestaltete Supermärkte, Sex-Shops und Spielhallen das Gepräge. Die eleganten Schaufenster aus den Zeiten des Wiederaufbaus wurden entfernt oder mit greller Plastikfolie überklebt. Aus unerfindlichen Gründen mußten die kunstvollen Neonreklamen häßlichen Plastikkästen weichen. Fragwürdige Modernität, für die Ästhetik kein Kriterium mehr zu sein schien. Nur weil man mit einer Gestaltung, die mehr als zwanzig Jahre auf dem Buckel hatte, befürchtete, altbacken zu wirken, dilettierten Hausbesitzer und Architekten an der Bausubstanz aus den fünfziger Jahren herum, setzten Fenster oder Fassadenelemente ein, die der gesamten Harmonie, die der Entwerfer einst erdacht hatte, den Todesstoß versetzte. Die Stadt verlor ihren Charakter, das Kolorit der rasanten Fünfziger, das – zwar nicht frei von Brüchen – ein stimmiges Gesamtbild abgegeben hatte, wurde ein Opfer gestalterischer Beliebigkeit.

Die Unwirtlichkeit unserer Städte traf mich; kaum jemand nahm Notiz davon, ich wurde aufmerksam. In meiner Schaffnerzeit war mir dieses Kölner Straßenbild ans Herz gewachsen, ich nahm die Einzelheiten, die teilweise ausgefallenen Gestaltungselemente der fünfziger Jahre sehr bewußt wahr – wie gesagt, ich bin ein Augenmensch.

1980 sollte das Rheinbraun-Haus an der Mittelstraße umgestaltet werden. Nach den Kriegszerstörungen war es in den fünfziger Jahren wieder aufgebaut worden. Am Eingang zum Treppenhaus brachte man damals vierfachgeätzte Glasscheiben an, die sich über vierundzwanzig Quadratmeter erstreckten und Motive rund um den Rohstoff Kohle zeigten. Sie sollten 1980 der Vernichtung anheimfallen. Dominiert wurde die Arbeit, für die Professor Jakob Berwanger in den fünfziger Jahren im eigens ausgeschriebenen Wettbewerb den ersten Preis errungen hatte, von einem riesigen Schaufelbagger, der jenen aus den Abbaugebieten nachempfunden war: Er förderte den Rohstoff zutage, der Lokomotiven und Transportschiffe betrieb; Loren und Förderbänder transportierten den Bodenschatz in die Fabrikhallen, Überlandleitungen brachten den Fortschritt ins prosperierende Land, und in der Brikettfabrik griffen Arbeiterhände beherzt zu.

Die transparente künstlerische Arbeit, die klaren Konturen auf den Scheiben vermittelten Eleganz und einen leidenschaftlichen Aufbauwillen – natürlich auch die für das Nachkriegsdeutschland noch typische Technik- und Fortschrittsgläubigkeit.

Es war höchste Eisenbahn, denn das ganze Haus hatte sich in eine einzige Baustelle verwandelt, die Arbeiter machten sich bereits gefährlich nahe den Ätzglasscheiben zu schaffen. Architekten und Geschäftsleitung sahen in mir einen Störfaktor für den planungsgemäßen Ablauf der Baumaßnahmen, das spürte ich schnell. Nun, da ich mein Interesse angemeldet hatte, wurde es kompliziert. Plötzlich wollte jeder noch mal gefragt werden: die Rheinbraun AG ebenso wie der Bauherr, der Gerling-Konzern, und der Architekt. Erst als alle abgewinkt hatten, fielen die Scheiben der Abrißfirma zu. Dreihundert Mark drückte ich dem Polier in die Hand – dann gehörten sie mir. Die mitleiderregend-einfallslose Kunst am Bau der Gegenwart ruft, verglichen mit der Arbeit Berwangers, allenfalls fade Gemütszustände hervor.

In nervenzermürbender Kleinarbeit baute ich das Ätzglas aus, fand eine Möglichkeit, die zerbrechlichen Einzelteile zwischenzulagern, und transportierte sie schließlich mit einem Handwagen in die Keller meines Wohnhauses in der Richard-Wagner-Straße. Mir war gar nicht klar, was ich mit den geretteten Stücken anfangen sollte. Ich wußte nur: erst einmal mußten sie vor der Zerstörung bewahrt werden. Um mehr über die Scheiben zu erfahren, nahm ich Kontakt mit der Familie des verstorbenen Künstlers auf und konnte durch deren Unterstützung auch die Entwürfe und Skizzen für meine Sammlung erhalten.

Plötzlich sah ich mich an allen Ecken und Enden der Stadt gefordert. Ein paar Häuser weiter schloß das Geschäft Jugendmoden, der Name prangte in rasanter Fünfziger-Jahre-Schreibschrift über den Schaufenstern. Noch. Ich buhlte um diese Werbeanlage und fand heraus, daß sie wegen des zur Herstellung verwendeten Lumophorglases einmalig war in ganz Köln. Der Schriftzug schimmerte grünlich, und zwar weil im Lumophorglas ein eigenständig leuchtender Stoff enthalten ist. Das uranhaltige Glas wird schon lange nicht mehr hergestellt, da es bei der Verarbeitung austreten kann und hochgradig gesundheitsschädigend ist.

Ein paar Häuser weiter sollte die älteste Werbeanlage der Stadt erlöschen: Seit 1931 warb ein Schriftzug in kühler Sachlichkeit für das renommierte Geschäft Piano-Fischer. Er war mir schon lange aufgefallen, und ich meldete beim Geschäftsführer Interesse an. Mein Werben hatte Erfolg: Als Piano-Fischer seinen Firmenstandort wechselte, erhielt ich einen Anruf und die Zusage, die Reklame kostenlos übernehmen zu dürfen. Im Originalzustand befand sich der Neon-Oldtimer allerdings nicht mehr: Der Anfangsbuchstabe, das P, das weit über die folgenden Schriftzeichen hinausragte, war dem ersten Bombenangriff Kölns zum Opfer gefallen und mußte nach dem Krieg erneuert werden. Die großen Ereignisse spiegeln sich im vermeintlich Kleinen, der Alltagskultur, wider.

Ich spürte einen inneren Drang, eine Berufung, die Spuren vergangener Zeiten im Stadtbild sicherzustellen, vor gedankenlosem Abbruch zu bewahren. Vieles war bereits verschwunden, unrettbar verloren. Dennoch brauchte ich nicht nach Aufgaben zu suchen. Der Kölner Malkasten, ein Geschäft, in dem Künstler, Bastler und Heimwerker ihre Farben, Klebstoffe und Leinwände kauften, verließ seinen alten Standort in der Mittelstraße. Über der Ladenfront leuchtete in farbiger Hinterglasmalerei der Schriftzug »Kölner Malkasten«. Er war vom Plakatmaler Peter Schumacher entworfen worden: Über der stilisierten Malerpalette eilte ein Männchen, Mappe unter dem Arm und Pinsel hinter dem Ohr, behenden Schrittes – so sollte suggeriert werden – ins Atelier, um dort seinem Schaffensdrang nachzugehen. Das Haus, ein provisorischer Wiederaufbau, wurde nun, Anfang der achtziger Jahre, abgerissen und durch ein postmodernes Gebäude ersetzt. Auch der Kölner Malkasten veranschaulicht Geschichte: Ein Großteil der bildenden Künstler in Köln hatte seit den fünfziger Jahren seine Werke mit Materialien aus diesem Laden geschaffen.

* * *

Neben meinem Broterwerb im deutlich vom Niedergang der Branche gezeichneten Tingel-Tangel turnte ich tagsüber auf Gerüsten herum. Vermutlich war es mein Hang zur Maßlosigkeit – ein bei Lichte betrachtet nicht nur segensreicher Charakterzug –, der mich auch vor großen Objekten nicht Halt machen ließ. Außerdem spukte mir immer noch das Gespräch mit Dr. Herzogenrath vom Kölnischen Kunstverein im Kopf herum. Achthundert Quadratmeter Fläche – nur mit Stücken aus meiner Sammlung. Endlich wollte ich zeigen, was ich in den letzten Jahrzehnten zusammengetragen hatte. Tagelang brütete ich über einem Konzept für die Exposition. Ich wollte auf sinnliche Weise zeigen, wie die Menschen in den letzten fünfzig Jahren gelebt hatten; die ganzen Kunsthistoriker sollten mal sehen, wie man eine lebendige Ausstellung macht – tote Museen haben wir genug. Außerdem war mir daran gelegen, gerade das etwas in Verruf geratene Design der fünfziger Jahre zu rehabilitieren.

Doch zwischen Hunden, Katzen, Nachtarbeit und Demontagen war ich kaum dazu gekommen, die Geschichte der einzelnen Objekte meiner Sammlung genauer zu recherchieren. Jetzt wollte ich sie erforschen. Im Keramikhaus Weber am Gürzenich fand ich die Unterstützung, die ich brauchte. In großen Taschen schleppte ich nach und nach mehrere hundert Keramikteile zu Webers. Der Chef, sein Bruder und ich knöpften uns jedes Stück einzeln vor. Mit der Lupe versuchten wir Signaturen (geprägt oder gebrannt) und beschädigte Etiketten zu entziffern. Webers vermochten es, die Prägenummern den jeweiligen Fabrikanten zuzuordnen – ohne ihre Hilfe wäre ich ratlos gewesen. Ich nahm eine umfangreiche Korrespondenz mit Ateliers, Manufakturen und Fabriken auf: Welcher Künstler, welcher Grafiker hatte den Entwurf gemacht, in welchem Jahr war das Objekt entstanden, haben Sie noch Kataloge aus der Zeit? Bis auf drei Vasen konnten wir alle bestimmen. Auch Stoffe, Tapeten, Teppiche, Haushaltsgeräte und Möbel wollte ich vor der Präsentation katalogisieren. Damit die Adressaten meiner über zweihundertfünfzig Briefe eine Vorstellung vor Augen hatten, ließ ich die Objekte fotografieren. Jeden Tag öffnete ich voller Spannung den Briefkasten. Wenn ich las, wie die Firmen sich über mein Interesse freuten und anfingen, alte Mitarbeiter zu interviewen, um meine Fragen beantworten zu können, hob sich meine Stimmung. Nach und nach erhielt jedes Objekt seine Geschichte zurück.

Die Fabrikbesitzer und Manufakturen luden mich zu Betriebsbesichtigungen ein. Bei der Keramikfirma Ruscha in Rheinbach konnte ich den letzten Handmalerinnen bei ihrer filigranen Tätigkeit zusehen und lernte alte Arbeiter kennen, die vom bescheidenen Neuanfang nach dem Kriege zu berichten wußten. In der Wächtersbacher Steingutmanufaktur dagegen ging es feudal zu: Besuchte der alte Fürst von Büdingen und Isenburg das Werk, standen alle Maschinen still und die Arbeiter Spalier – Damen versuchten sich im Hofknicks, und Herren verbeugten sich tief. Ob da wohl Gewerkschaften erlaubt waren? Ich versank in den Firmengeschichten, erfuhr, daß ein Betrieb mit zwei Mitarbeitern auf einem Trümmergrundstück begonnen hatte und vom Wirtschaftswunder mit hochgerissen wurde. Immer mehr trat zutage, daß die Güter der Alltagskultur Rückschlüsse zulassen auch auf die politische, auf die große Geschichte der Kriege, Siege und Niederlagen: Flüchtlinge aus den Ostgebieten und ausgebombte Familien in den Metropolen hatten ihr ganzes Inventar verloren. Viele konnten über die Kriegsjahre nur retten, was sie auf dem Leibe trugen. Im Aufschwung der fünfziger Jahre richteten sie sich neu ein: Vitrinen, Cocktailsessel, Tütenlampen, Teppiche, Tafelaufsätze und Geschirr. Sie erfreuten sich an den ersten dekorativen Stücken, waren sie auch noch so bescheiden. Ebenso findet die Entwicklung der Kunst ihren Niederschlag in den einzelnen Objekten der fünfziger Jahre: ob überkandidelte Asymmetrie oder Klassiker, sie belegen – wenigstens im Design – einen Mut zur Moderne.

Nach der verordneten »Zeitlosigkeit« der Gestaltung im Nazi-Deutschland – schließlich hatte man eine tausendjährige Epoche vor Augen –, nach der Kriegsniederlage und der verdrängten Schuldfrage für die NS-Barbarei war man auferstanden aus Ruinen, wollte Hunger und Notzeit vergessen, wollte Zukunft. Der Blick in die Schaufenster der meisten Möbelgeschäfte in den verrufenen Fifties war im Vergleich zu heute ein Genuß. Selbst die Schränke des »Gelsenkirchener Barocks«, mit großen Wülsten ausgestattet und so raumgreifend wie ein amerikanischer Straßenkreuzer, besaßen einen – zugegeben eigenwilligen – Appeal.

* * *

»Oh, wir sitzen hier aber in sehr illustrer Gesellschaft. Dort steht Maurice Chevalier, der legendäre Chansonnier und Schauspieler der zwanziger Jahre, das ist Max Linder, der Stummfilmstar aus den Anfängen des Films, und dort hinten lächelt Ronald Reagan als junger Schauspieler.« Robert Kreis schmunzelte.

Die Gesichtszüge meiner Schaufensterfiguren, teilweise noch aus den zwanziger Jahren, waren mir schon immer bekannt vorgekommen, aber daß ihnen mehr oder weniger berühmte Schauspieler zum Vorbild gedient hatten, erfuhr ich erst jetzt. Mehrere Nachmittage lang fachsimpelte ich mit Robert Kreis, der gerade in Köln gastierte und mit seinen

Couplets und Chansons aus den wilden Zwanzigern auf allen Kleinstkunstbühnen Furore machte, über vergangene Zeiten. Über die Diseusen und Gesangskünstlerinnen, deren Kunstform ja in jenen Jahren entstand: Mimi Thoma, Eva Busch, Trude Hesterberg, Fritzi Massary und Claire Waldoff. Ich sang ihm Titel aus meiner mehr als achthundert Schellackplatten umfassenden Sammlung vor, die er teilweise noch gar nicht kannte: »Ramona Zündloch war fast ein Kind noch« oder »Mein kleines Fräulein, sagen wir Du«. Zwei Liebhaber der alten Zeit hatten sich gesucht und gefunden.

Weil ich schon aus allen möglichen Epochen Kleider – Damen- und Herrenmode – zusammengetragen hatte, verfiel ich auf die Idee, meine Figuren im Stil der jeweiligen Zimmer auszustaffieren. Als ich die ersten drei Figuren aufgestellt hatte, waren meine Freunde mal wieder aus dem Häuschen: So ein Unsinn! Ich aber war begeistert – nach einer gewissen Zeit. Denn zu Anfang fuhr mir ob der Silhouetten in meinem Salon des öfteren der Schrecken in die Glieder, wenn ich nachts nach Hause kam. Inzwischen sind in allen meinen Räumen die Schaufensterfiguren, Büsten und Köpfe – ehemalige Hutmodelle – zu einem festen Bestandteil der Einrichtung geworden. Ich stellte Nachforschungen über meine Mitbewohner an, verfaßte Beschreibungen und steckte sie ihnen in die Jackettasche, so wie in jedem meiner Möbel eine Beschreibung über die Herkunft des Stückes, also Fabrikant und Herstellungsjahr, aber auch die Geschichte der Besitzer, untergebracht ist.

Eines Morgens, ich schritt gerade durchs schlafende Köln vom Tingel-Tangel nach Hause, stolperte mein Blick über einen Container vor dem traditionsreichen Kino UFA-Palast. Ich hatte es geahnt und mehrfach darum gebeten, mich zu informieren, wenn dort umgebaut würde. Denn im Keller des Kinos schlummerte ein Schatz, den ich unbedingt heben wollte: ein über drei Geschosse reichender Leuchter, feinste Arbeit aus Messing. Ungeachtet der frühen Stunde wühlte ich im Bauschutt, räumte Steine und Dreck beiseite, da streckten sich mir auch schon die ersten Messingteile entgegen: verbogen, schmutzig, zerfleddert wie tote Vögel. Das furiose Stück sah zwar mitgenommen aus, war aber noch zu retten. In solchen Situationen entwickele ich eine ungeahnte Energie – ich könnte dann den ganzen Kölner Dom wegtragen, es ist fast wie ein Rausch. Einige Zecher, die den Weg ins heimische Bett noch nicht finden wollten, gingen mir zur Hand. Als ich die Lampe in ihrer stark demolierten Pracht freigelegt hatte, schlug die Uhr schon acht. Rund um den Container sah es aus wie 1945. Laut scheppernd zog ich das Renommierstück aus Aufbauzeiten hinter mir her und verstaute es im Keller. Es sollte ein Highlight meiner Ausstellung werden – im wahrsten Sinne des Wortes.

***

Im Tingel-Tangel begann sich abzuzeichnen, daß der letzte Vorhang bald fallen würde, immer mehr der abgeschabten roten Stühle blieben leer. Es war vorgeschrieben, daß unsere Show über die Bühne gehen mußte, wenn mehr als zwei Gäste im Lokal saßen. Stundenlang hockte eine Tänzerin in der Garderobe und wartete, ob vielleicht doch noch drei Nachtschwärmer zusammenkämen. Trat dieser Fall ein, hatten wir das ganze Programm durchzuziehen, egal, wie viele Tänzerinnen daran beteiligt waren. Die Tischfrauen umschwärmten die paar Kunden wie Bienen den Honigtopf, animierten energisch, um die Herren von den Konkurrentinnen auf der Bühne abzulenken – struggle for life. Vor leeren Stühlen räkelten sich Tänzerinnen lustlos; unsere Barfrauen schauten sich die Darbietungen schon lange nicht mehr an, nur ich fühlte mich aus Höflichkeit dazu verpflichtet, egal, wie gut ich die Acts schon kannte.

Gespenstische Szenen spielten sich ab: Morgens um drei Uhr ging es zu wie im Wartesaal eines Bahnhofs bei Stromausfall. Überall auf den Bänken Tänzerinnen und Tischfrauen, manche schliefen auf den Stühlen ein, schnarchend, mit hängendem Kopf und verwüsteten Frisuren, es war mucksmäuschenstill, nur der Ventilator brummte leise. Plötzlich schellte die Türglocke. Der Portier brüllte: »Bewegung!« Die Serviererin wurde wachgerüttelt, die ramponierten Tischfrauen sprangen auf, ordneten hektisch ihr Haar und übten verschreckt laszives Lächeln, die Kissenabdrücke zeichneten sich noch zart auf ihren Wangen ab. Ich legte Musik auf, und die Tänzerinnen hoppelten aus ihrer Garderobe in Richtung Bühne. Oft sahen die Gäste sich nur kurz um und wandten sich – vermutlich mit Grausen – wieder ab. Sofort fielen alle wieder in tiefste Apathie.

Nur selten tauchten zu vorgerückter Stunde zahlungsfreudige Gäste auf. Zwei junge Männer, sie schienen viel Geld zu haben, ließen in einer Nacht noch einmal alle Puppen tanzen. Die Tischfrauen und Tänzerinnen hängten sich an die beiden wie Ertrinkende an die rettende Planke. Etwas schrill, die plötzlich aufkommende Heiterkeit. Sie scherzten, zechten kräftig und aßen sich satt. Promille im Blut und nichts im Magen, hatten sie die jungen Männer überredet, die gefürchteten kalten Bauernplatten unserer Küchenfrau Aggi zu bestellen: margarinebestrichenes Brot mit Billigaufschnitt, großartig dekoriert auf riesigen Tabletts. Die Lachsschnittchen waren nicht besser: das gleiche alte Brot mit giftig rotgefärbtem Lachsersatz. Über Stunden amüsierten sich die beiden jungen Leute prächtig, unser Umsatz riß die Flaute einer ganzen Woche wieder heraus. Dann, so gegen zehn Uhr morgens, bestellten sie die Rechnung: zwanzigtausend Mark. Betretenes Schweigen im Lokal. Im allgemeinen Überschwang hatte die Servierfrau vergessen, die Zwischenrechnungen zu bringen. Jetzt war die Bescherung da: Oh, oh, wenn das nicht in die Hose geht! Die Gäste reagierten einigermaßen gefaßt, zahlten die Hälfte und verließen, etwas blaß um die Nase, den Laden. Die andere Hälfte trudelte nach einigen Monaten ein. Selbst in diesen mageren Jahren hat sich der Laden vermutlich noch rentiert. Dennoch, als die Umsätze stagnierten, engagierte Franz Berg von Monat zu Monat weniger Künstlerinnen, zum Schluß traten nur noch Haustänzerinnen auf und verdienten sich pro Showeinlage dreißig Mark. Unmotiviert, weil vor leeren Stuhlreihen, schlurften sie apathisch über die Bühne. Bei den matten Tanzeinlagen zählte ich mit: eine Mark, zwei Mark, drei Mark, vier Mark...

***

Die großzügige Halle der Stadtsparkasse am Rudolfplatz atmete eine Atmosphäre vornehmer Transparenz. Die schlichten Bedienungstresen aus schwarzem Marmor, die Decke aus Milchglasrauten und der sechzigarmige Leuchter aus Messing im Eingangsbereich verliehen dem Ensemble einen kühlen, repräsentativen Charakter, verrieten aber auch Selbstbewußtsein und Wertschätzung der Kunden. Im Hintergrund schlossen helle, rechteckige Ätzglasscheiben das Bild ab: Jeweils im Ein-Meter-mal-zwei-Meter-Format hatte der Kölner Künstler Professor Georg Meistermann die unterschiedlichen Handwerksberufe dargestellt, wie sie werktätig und voller Fleiß ihren Wohlstand sicherten und mehrten: Schuhmacher, Zimmerleute, Tischler, Uhrmacher und viele mehr. Nun erschien den Architekten der Stadtsparkasse das Ambiente von 1953 nicht mehr zeitgemäß, und die Bauleute rückten an. Was sollte mit den Ätzglasscheiben, den Schaltern und der Beleuchtungsanlage geschehen? Ich erhielt die Information, daß diese Gestaltungselemente nicht zum modernen Konzept der Stadtsparkasse paßten, und die Zusage, sie gegen einen symbolischen Preis übernehmen zu dürfen. Besonders die Deckenlampe hatte es in sich: Die drei Overzier-Brüder von dem gleichnamigen Lampenatelier hatten mehr als zweihundert Meter Messingrohr verarbeitet, sechzig Vierzig-Watt-Birnen tauchten jahrzehntelang die eintretenden Kunden in gleißendes Licht – zu seiner Anschaffungszeit hatte der Beleuchtungskörper immerhin den Wert eines Kleinwagens. Die Demontage, ausgeführt mit einer großen Winde, nahm mir den Atem – nichts ist schlimmer, als wenn kurz vor dem Ziel alle Stricke reißen. Sie rissen nicht, schließlich belud ich den gummibereiften Wagen des alten Herrn Esch mit diesem exorbitanten Gebilde und verstaute es – eingepackt in viele Quadratmeter Plastikfolie – auf dem Hof unseres Hauses.

Anders erging es dem Brunnen vor dem Sparkasseneingang an der Pilgrimstraße: Das charakteristische Objekt und beschauliche Relikt aus der Nachkriegszeit wurde abgetragen. Lediglich die drei Skulpturen »der Geizkragen«, »die Sparsame« und »der Luftikus« überstanden die Aktion, der Brunnen selbst, entworfen von dem Bildhauer Lambert Schmithausen, wurde beim fahrlässigen Bergungsversuch zerstört.

Als ich den prinzipiell gutwilligen Architekten der Stadtsparkasse anbot, die Ätzglassscheiben auszubauen, damit sie unbeschädigt erhalten blieben, beruhigten mich die Herren: Herr Götting, Ihr Angebot ist ja nett, aber wir haben unsere Fachleute, und die werden diese Gläser so umsichtig behandeln, daß sie keinen Schaden nehmen! Von achtzig Scheiben haben nur zwanzig das »umsichtige Vorgehen« der Fachleute überlebt. Immerhin sechs davon durfte ich übernehmen, sie lagerten zunächst im Keller einer Filiale in der Ehrenstraße. In der Befürchtung, sie würden dort nur als störend empfunden und von Hausmeistern und argwöhnischen Angestellten herumgestoßen, nahm ich sie zu mir. Vorher mußte ich mich verpflichten, im Streitfall keinen Besitzanspruch auf sie zu erheben, obwohl sie ohne mein Engagement längst in tausend Scherben gegangen wären. Ich unterschrieb.

Einige Zeit später bat man mich zu einem Rundfunkinterview mit der Psychologin Edeltrud Meistermann-Seeger. Sie wollte sich von psychologischer Seite »ausgefallenen Menschen« nähern und verfiel auf mich als Objekt ihres populärwissenschaftlichen Interesses. Im Vorgespräch erwähnte ich die Rettung der kunsthandwerklich wertvollen Arbeiten ihres verstorbenen Gatten. Als die Sendung »im Kasten war«, wie die Journalisten sagen, ließ Edeltrud Meistermann-Seeger mir keine Ruhe, bis ich die paar Scheiben, die ich hatte retten können, zähneknirschend rausrückte. Somit sind die

Scheiben nicht mehr in meiner weitgehend öffentlichen Sammlung und stehen wahrscheinlich unbeachtet in irgendwelchen Ecken herum – keine Ahnung, was aus ihnen geworden ist.

Die Schalterhalle der Stadtsparkasse präsentierte sich nach dem Umbau in einem trostlosen Zustand: Lampen und messinggefaßte Rautendecke waren für immer verschwunden - statt dessen hingen Leuchten, die an gebrauchte Konservendosen erinnerten, freudlos im Raum. Kitzelbudencharme statt großzügiger Eleganz. Hatte ich dort zu tun, konnte ich es mir fast nie verkneifen, laut und vernehmlich zu bemerken: »Der Architekt, der das verbrochen hat, müßte auf dem Neumarkt nackt ausgepeitscht werden!«

Doch ist alles noch viel schlimmer geworden: Heute bewirtschaftet ein Discountmarkt für Elektrogeräte das Gebäude. Die Mosaiken »Stadt« und »Land«, die als einzige die Umgestaltung der Stadtsparkasse überstanden hatten, sind hinter einer Sichtblende verschwunden, von außen werben Plastikkästen grell-gelb in verbotswürdiger Häßlichkeit.

* * *

In ihrer Bauhausvilla im Kölner Vorort Hahnwald lud Tea Ernst zum Tee. Ich hatte die Designerin bei meinen Recherchen zu Tapeten- und Stoffdekoren kennengelernt. Wenn ich sie besuchte, holte ihr Lebensgefährte, Dr. Eberhard Eggert, mich im alten Mercedes von der Straßenbahnendhaltestelle ab; vorbei an hohen Hecken, zurückgesetzten Villen und gestutzen Vorgärten gelangten wir zu ihrem Anwesen. Dort begrüßte Tea Ernst mich mit distanzierter Freundlichkeit. Meistens unterbrach sie, salopp bekleidet mit naturfarbenen Hosen und Pullover, ihre Arbeit im Atelier. Ihre Erscheinung wie ihr Auftreten spiegelten unprätentiös das Gestaltungsverständnis des Bauhauses wider – die Besinnung auf das Einfache und Gültige. Sie strich ihr kurzes schwarzes Haar zurück und bat mich mit einer knappen Geste Platz zu nehmen. In der Mitte des gedeckten Tisches ein Tablett mit Kuchen, um uns herum eine Ansammlung von Klassikern des Möbeldesigns: Verner Panton, Charles Eames, Mies van der Rohe, Egon Eiermann. Ihre Villa glich von der Gartenseite einem Ozeandampfer, aus dem Fenster sahen wir meinen Hunden Ivo und Wotan beim Herumtollen zu. Nachdem wir unseren Tee genommen hatten, führte Tea Ernst mich in das Allerheiligste. Sie zeigte mir in ihrem Atelier Entwürfe aus den fünfziger Jahren, half mir, verschiedene Dekore aus meiner Sammlung stilistisch einzuordnen, und manchmal durfte ich ihr beim Arbeiten zusehen. Die fast Achtzigjährige begegnete mir aufgeschlossen und tolerant und pflegte trotz ihres hohen Alters ein reges gesellschaftliches Leben, tourte mit ihrem Lebenspartner im Wohnmobil durch Europa und arbeitete noch immer an neuen Entwürfen. Ich kann ihn kaum beschreiben, diesen Stil, der wohltuend geprägt war von geistiger Beweglichkeit, Progressivität und Geradlinigkeit. Der Geist des Bauhauses war jung. Bei Tea Ernst durfte ich ihn atmen.

In den dreißiger Jahren begann sie, Tapeten und Stoffdessins zu entwerfen. Später, in den fünfziger Jahren, wurden vor allem ihre Verpackungen bekannt, zum Beipiel für die Firmen Melitta und Sprengel.

Befreundet mit Walter Gropius und Wilhelm Wagenfeld, ist sie bis heute wohl die einzige Deutsche, die in den Vereinigten Staaten mit einem ersten Preis für Design ausgezeichnet wurde. In der einschlägigen Literatur findet sie gleichwohl nur selten Erwähnung – mit welchem Recht wird Frauen eigentlich so oft die gebührende Anerkennung verweigert?

Während ich meine Ausstellung für den Kunstverein vorbereitete, saß ich manches Mal still und in mich gekehrt im Tingel-Tangel an meinem Regiepult und hatte Angst vor der eigenen Courage. Unsere Tänzerin Isabelle hatte eine außerordentlich feine Intuition, mit ihrer Schwäche für Parapsychologie und Metaphysik nahm sie manches wahr, was den meisten im Schummerlicht des Tingel-Tangel verborgen blieb. Sie sah mich an: »Hermann, was ist los mit dir?« »Isabelle, ich habe Angst, daß die Ausstellung in die Hose geht. Achthundert Quadratmeter so zu füllen, wie ich mir das vorstelle, ist gar nicht so einfach!« Ich spürte: Bei diesem Projekt ging es zum einen um die Anerkennung meiner Sammlung, zum anderen um die Anerkennung von Alltagskultur und ihrer Aussagekraft: »Wenn dieses Projekt scheitert, dann wirft mich das um Jahre zurück!« Isabelle sprach mir Mut zu: »Du mußt an dich glauben. Sag dir immer: Denen zeig ich's! Hermann, ich weiß, daß es gelingen wird!«

* * *

La bella Imperia, die Dame, die zu Beginn ihrer Show aus dem überdimensionalen Kunstmund stieg, schrieb mir nach ihrem letzten Gastspiel vor leeren Stuhlreihen in mein Gäste- und Erinnerungsbuch: »Lieber Hermann, zur Erinnerung an mein Gastspiel im erstbesten Haus am Platze. Die Möbelausstellung hier hat mir gut gefallen. Unsere Shows kamen bei den ein bis drei Gästen wirklich großartig an. Bei den (Grand-)Damen war ich ja sehr beliebt, wenn auch nur an meinem letzten Tag. Aber wahre ›Schönheiten‹ sind eben selten bei den Damen (Unterhaltungskünstlerinnen) beliebt. Ich hoffe, man trifft sich wieder im Mausoleum Tingel-Tangel.«

Man traf sich nicht wieder. Bald darauf flatterte mir ein Brief ins Haus. Freundlich bedankte sich Franz Berg für meine jahrelange Arbeit. Ich brauchte gar nicht weiterzulesen. Für die wenigen Haustänzerinnen benötigte man nun keinen Conférencier mehr. Sechs Jahre später, 1990, schloß das einstmals bedeutende Varieté für immer.

Es dauerte eine Weile, bis ich einen neuen Lebensrhythmus gefunden hatte. Manchmal wußte ich abends, wenn es auf 22 Uhr zuging, gar nichts Rechtes mit mir anzufangen. Aber die Vorbereitung für die Ausstellung im Kölnischen Kunstverein hielt mich in Atem, und auch sonst rissen die Turbulenzen nicht ab: Im Frühjahr 1984 hatte ich als Studiogast im Fernsehen Premiere.

»Früher mußten sich die Hausfrauen hinlegen, um an diesem Fernsehschrank das zweite Programm einzuschalten«, sagte ich lächelnd, bückte mich, griff in die offene Klappe und – bekam einen Stromschlag. Ein Britzeln, mein Körper bebte, ich konnte meine Hand nicht mehr von der elektrisierten Stapelstange des Zehnplattenwechslers lösen, war stromgeschüttelt nur zu unartikulierten Lauten fähig; aus dem Mikrofon, das ich in der anderen Hand trug, züngelten Flammen. Die Kameraleute und das Publikum erstarrten zu Salzsäulen, dem Moderator der WDR-Sendung »WWF-Club«, Frank Laufenberg, entglitten die Gesichtszüge. Plötzlich hob ich zitternd ab, stürzte auf die geöffnete Klappe, mein Hut rollte zur Seite, und ich versank barhäuptig in reichbesternter Nacht.

Währenddessen saß meine Familie in Haiger vor dem Bildschirm, und meine Mutter Hildegard rief: »Um Gottes Willen. Es muß etwas Entsetzliches passiert sein!« Eben noch hatten meine Verwandten gelacht und mein Erbeben für einen theatralischen Scherz gehalten. Mutter begriff als erste, was geschehen war. »Hermann hätte sich den Hut eher auf dem Kopf festgenagelt, als ihn vor laufender Kamera abzunehmen.«

»Hundert Jahre Technik, fünfzig Jahre Fernsehen« hieß das Thema der WDR-Fernsehsendung. Ich sollte als Studiogast mehrere Geräte aus meiner Techniksammlung erläutern. An der Krönung meiner Fünfziger-Jahre-Objekte, dem Fernseh- und Phonoschrank Kuba Imperial Komet, hatte es mich aus den Schuhen gehoben. Die Anlage, entwickelt für die Fußballweltmeisterschaft 1954, erinnerte an Paul Klee am Rande des Wahnsinns und wurde lediglich in wenigen hundert Exemplaren hergestellt. Sie sah in ihrer Asymmetrie aus, als hätte man zwei Sprungschanzen ineinander geschoben, und hatte die Leute wohl schon in den Fünfzigern irritiert. Da Kuba Imperial Komet noch nicht mit der heute vorgeschriebenen Erdung installiert war, konnte es – zurückhaltend umschrieben – zu Spannungszuständen kommen. Nach dem Zwischenfall, die Sendung wurde live ausgestrahlt, mußte es weitergehen. Als ich die Augen aufschlug, schnappte ich mir den Hut, richtete ihn vor dem erblaßten Bildschirm der tückischen Anlage und lächelte dünn in die grauen Zuschauermienen: »Tja, meine Damen und Herren, wie Sie sehen, ist auch die Technik nicht ganz vollkommen.« Frank Laufenberg reagierte tonlos: »Herr Götting, haben Sie einen Stromschlag bekommen?« Ausdruckstanz wird es nicht gewesen sein, verehrter Herr Moderator, wollte ich erst antworten, doch als ich in die verängstigten Gesichter sah, riß ich mich zusammen: »Ja, aber ich kenne das, es ist eine gute Therapie!« Da löste sich die Erstarrung der Beteiligten.

Den Krieg, der sich in meinem Körper abspielte, ignorierend, plauderte ich heiter weiter. Frank Laufenberg trank das Bier, das man mir zur Beruhigung vor die Nase gestellt hatte, fast in einem Zug aus. Erst als ich in die Garderobe wankte, spürte ich die Schmerzen: Verbrennungswunden in der Mikrofonhand, Prellungen an der Schulter vom unsanften Sturz und Zahnweh am ganzen Körper. Cindy und Bert versicherten mich ihres wärmsten Mitgefühls. Sie hatten vor meinem Auftritt, optisch aufgewertet durch Kuba Imperial Komet und einen Harry-Bertoia-Sessel aus meiner Sammlung, von Liebe, Lust und Herzeleid gesungen. Von der Bühnenseite sahen sie, was mit spanischen Gitarren nie hätte passieren können.

Zurückgekehrt in meine Wohnung, wischte ich mir das telegene Puder aus dem Gesicht – Leichenblässe saß mir fremd gegenüber. Der Regisseur der Sendung meinte später zu mir: »Als ich Sie im Regieraum auf dem Monitor gesehen habe, bin ich um zehn Jahre gealtert.«

Nach diesem ungewollt aufsehenerregenden Mißgeschick hielt ich mit Blick auf die Ausstellung Ausschau nach weiteren Objekten, die mir für die Präsentation besonders geeignet erschienen. In dieser Phase wuchs meine Sammlung noch einmal beträchtlich. Zwar hatten die Honoratioren des Kölnischen Kunstvereins am Anfang noch indigniert meine barocke Erscheinung zur Kenntnis genommen, aber nach mehreren Besuchen in meiner Wohnung ließen sie sich ihre bangen Gefühle nicht mehr so anmerken – vielleicht hatte ich ihre bösen Vorahnungen aber auch zerstreuen können, ich weiß es nicht.

In den letzten Monaten vor der Vernissage überlegte ich nächtelang, welche Objekte ich zeigen sollte, welche zueinander paßten. Im Keller sortierte ich Tapetenrollen und Stoffe, setzte in Kleinarbeit beschädigte Lampen und Schränke wieder zusammen, polierte und wienerte meine Objekte auf Hochglanz. Jedes meiner Stücke, meiner Kinder, sollte sich im besten Lichte zeigen. Am Ende waren alle ausgestellten Geräte, vom Staubsauger bis zum Lockenstab aus Vorkriegszeiten, voll funktionsfähig.

Um die kleineren Gebrauchsgegenstände aus den jeweiligen Jahrzehnten zur Geltung zu bringen, probte ich bei mir zu Hause in einer Ausstellungsvitrine die Arrangements. Ich schleppte alles herbei, was ich zeigen wollte, und dann ging's los: Ich ordnete, trat ein paar Schritte zurück, betrachtete mir das Ergebnis, wechselte die Perspektive, näherte mich wieder der Vitrine, wiegte den Kopf – nein, das geht nicht – veränderte erneut, bis ich heiße Ohren bekam und zufrieden war.

Das ging jede Nacht so. Zum Schluß hatte ich meine Objekte auf die zwanzig geplanten Vitrinen des Kunstvereins verteilt und so die Entwicklung des Designs überschaubar gemacht: Vom epochemachenden Kaffeeservice »1382« (1931 von Hermann Gretsch) über die berühmten »Max und Moritz«-Salzstreuer (etwa 1955 von Wilhelm Wagenfeld) bis zum legendären Rasierer »Braun-Sixtant« (1962 von Gerd Alfred Müller) war alles an seinem Platz. Die Arrangements vermittelten einen sinnlichen Eindruck, kombiniert mit passenden Objekten, die ich in den jeweiligen Zimmern aufbauen wollte, sollten sie die ganze Formensprache der entsprechenden Jahrzehnte verdeutlichen. So überprüfte ich jede Inszenierung, richtete sie, bis es mir gefiel, machte mir meine Notizen und malte in Schönschrift Pappschilder und Collagen.

November 1985. Es hatte zum ersten Mal geschneit, klirrende Kälte. Um sieben Uhr stand die Firma Hasenkamp-Kunsttransporte vor der Tür. »Watt solle mer denn all he affholle? Watt, de schwere Schrank ooch?« Zwei Tage lang schleppten die Arbeiter Kisten und Möbel aus meiner Wohnung, ohne daß die Räume leerer wurden. Sie staunten nicht schlecht. Im Kölnischen Kunstverein stapelten sich Hunderte von Objekten – ein heilloses Durcheinander. Dr. Herzogenrath rief mit schreckensgeweiteten Augen: »Hier wollen Sie noch eine Façon hereinbringen? Ich sehe schwarz!« In einer Woche schon sollte alles fertig sein, doch mit dem Aufrißplan der Halle, den mir Herzogenrath wenige Wochen zuvor gegeben hatte, konnte ich nichts anfangen. Ich mußte den Raum und die Objekte vor mir sehen, dann erst fand ich nach und nach für jedes Stück seinen Platz. Manches Möbel rückte ich wohl zwanzig Mal hin und her, bis ich mich zufriedengab. Es kam mir nicht allein auf die optische Wirkung an: Die Besucher sollten den Eindruck gewinnen, die Hausfrau wäre eben erst aus der Sofaecke aufgestanden, um kurz etwas einzukaufen. Dr. Herzogenrath kannte meinen Hang zur Maßlosigkeit. Er ließ mich gewähren, sagte aber, nachdem die ersten Ensembles ihn etwas beruhigt hatten, lächelnd: »Seien Sie mir nicht böse, wenn ich das Gefühl habe, es ist zuviel. Dann werde ich sagen: Bitte, Herr Götting, jetzt ist es genug, bitte nicht mehr!« Lichttechniker, Elektriker und Schreiner arbeiteten unter Hochdruck, sieben Studenten bauten von mir angeleitet die Objekte auf. Mit einigen der jungen Leute kam ich phantastisch zurecht, sie steuerten Ideen und Verbesserungsvorschläge bei, wir schaukelten uns gegenseitig mit unseren Einfällen hoch, bis wir die beste Lösung gefunden hatten. Andere strapazierten vor allem meine angespannten Nerven. Wenn ich feststellte, daß sie zwei Stunden unterwegs waren, um ein Kabel zu besorgen, oder sich in den Keller zurückzogen, um Joints kreisen zu lassen, verwandelte ich mich in eine Furie. Mit dem Ergebnis, daß sich nach einigen Tagen von den ehemals sieben Helfern vier abgesetzt hatten. Ich fragte Dr. Herzogenrath, was das zu bedeuten habe: »Das müssen Sie sich selbst fragen, Sie haben die alle vergrault!«

»Von Maurice Chevalier bis zum Nierentisch« hatte der Kölnische Kunstverein auf die Einladungskarten zur Eröffnung drucken lassen. Übernächtigt und aufgekratzt übernahm ich die Conférence der Feier. Mehr als tausend Gäste waren gekommen. Tea Ernst saß im Publikum, neben ihr die emeritierte Professorin der Folkwangschule in Essen, Erna Hitzberger, sowie meine liebe Freundin, die Designerin Carola Jutzler. Dora Dorette sang ein Tucholsky-Couplet, die Schauspielerinnen Hannelore Lübeck und Lorose Keller sowie die Dirigentin Elke Mascha-Blankenburg hatten sich ebenfalls zu Auftritten bereit erklärt. An diesem 4. Dezember 1985 trafen sich meine beiden Welten, die sich sonst nie begegneten: das Varieté und meine Sammlung – wunderbar! Selig über den großen Zuspruch, gerieten meine Conférencen viel, viel länger, als ich es mir vorgenommen hatte. Augenzwinkernd sagte ich von der Bühne: »Herr Dr. Herzogenrath, wenn Sie meinen, es wird zuviel, geben Sie mir doch ein Zeichen!«

Es folgten die schönsten Wochen meines Lebens. Ich hatte in der großen Halle auf jegliche Trennwand verzichtet. Trotzdem entwickelte jedes Ensemble transparent und frei seine eigene Atmosphäre, atmete den Geist der jeweiligen Zeit. Über kleine Lautsprecher hörte man in jeder Inszenierung die Schlager der entsprechenden Epoche. Die Techniker hatten die Boxen so ausgerichtet, daß die verschiedenen Einspielungen sich gegenseitig nicht störten. Bei den vierziger Jahren zeigten wir einen Film über das zerbombte Köln, aus dem Fünfziger-Jahre-Fernseher amüsierte Trude Herr mit dem Lustspiel »Im Schwarzen Rössl« die Besucher. Ich hatte die entsprechenden Inszenierungen mit Zeitschriften und Büchern aus dem jeweiligen Jahrzehnt versehen. Nun durfte ich erleben, wie der Großvater die Großmutter beim Arm nahm und zwischen Möbeln, die er vielleicht sogar einmal selber besessen hatte, eine kesse Sohle auf den Teppich legte wie einst in den Flitterwochen. Andere versanken wehmütig in der ersten Ausgabe der Illustrierten Stern mit der hoffnungsvollen Hildegard Knef auf dem Titel oder lachten noch einmal gemeinsam – alles um sich herum vergessend – über die junge Trude Herr. Immer wieder Ausrufe des Wiedersehens: Das hatten wir doch auch! So sah meine erste Wohnung aus! Die Tapete hing im Eßzimmer von Tante Frieda! Die Leuchtreklame sah ich in meinen Sturm- und Drangjahren auf dem Heimweg immer doppelt! Besucher standen vor Objekten wie vor Freunden, die sie lange aus den Augen verloren hatten. Manche machten sich wohl fünfmal auf den Weg, um ihr Wiedersehen mit diesen alten Bekannten zu feiern, Begleitern durch gute wie durch schlechte Zeiten.

Mitte der achtziger Jahre erlebten die fünfziger Jahre eine erste Renaissance. »Rendezvous unterm Nierentisch«, ein Zusammenschnitt von Werbefilmen – Persil, Lindes Malzkaffee und Frauengold – füllte die Kinos. In den großen Städten eröffneten Kneipen und Cafés im Wirtschaftswunderstil mit Ludwig-Erhard-Porträts an den Wänden. Deshalb hatte der Kunstverein mich gebeten, einen besonderen Schwerpunkt auf die jungen Jahre der Republik zu legen. Im Untertitel hieß es nun »Alltagsobjekte der 50er Jahre« und nicht wie von mir favorisiert »Alltagskultur aus fünf Jahrzehnten«. Dennoch, die anderen Inszenierungen, die zwanziger, dreißiger, vierziger und sechziger Jahre waren mir nicht weniger wichtig, sie waren gleichberechtigte Teile des Ganzen, auch wenn sie im Medienecho etwas untergingen.

Man hatte mir im Vorfeld geraten, die vierziger Jahre, ihrer politischen Brisanz wegen, nicht so ausführlich zu präsentieren. Ich blieb stur, wollte die Besucher, ohne ideologische Beeinflussung, konfrontieren: Gasmasken für den Opernbesuch in festlichem Weiß, ein Baby-Gas-Bettchen, das Hakenkreuz vom Bonner Rathaus, die Fotos von gefallenen Soldaten und die stereotypen Todesbenachrichtungen der Heeresführung sprachen schließlich für sich. Zusätzlich legte ich, befestigt an einer Kette, einen Ordner aus mit Schriftverkehr des Gauleiters über »Judensäuberung« und »Ariernachweise«. Vermutlich Neo-Nazis stahlen die Unterlagen, die Anzeige gegen Unbekannt führte zu nichts.

Meine Cousine Heide Hartwig und ich geleiteten die Gäste durch die Exposition, erläuterten offen gebliebene Fragen und luden besonders interessierte Besucher an unserem Extra-Tisch zu Kaffee und Kuchen ein. Von der Frankfurter Rundschau über die Hannoversche Allgemeine Zeitung bis zum Trierischen Volksfreund rauschte die Ausstellung durch den Blätterwald, zwanzig verschiedene Fernsehanstalten rückten an und feierten die Wiedergeburt des Nierentisches.

Für den fünfundzwanzigtausendsten Besucher hatten wir uns einen speziellen Gag ausgedacht. Zu dem kompletten Einbauhotelzimmer aus den fünfziger Jahren hatte uns das Kölner Senatshotel auch das dazu passende WC – entworfen von Wilhelm Wagenfeld – geschenkt. Kurz vor Weihnachten rief der Kassierer: Jetzt ist es soweit! Wir stürzten uns, die eigens geladenen Reporter im Gefolge, auf eine sichtlich irritierte Dame. Als wir das Tuch vom Designerklosett zogen, verschlug es der unverhofft in den Blickpunkt der Öffentlichkeit geratenen Besucherin zunächst die Sprache, dann lehnte sie das Präsent dankend ab. Das gute Stück blieb meiner Sammlung erhalten, und ich war ganz froh darüber.

Sechs Wochen währte die Ausstellung. Fünfunddreißigtausend Besucher kamen, an den Wochenenden drängten sich die Leute in Viererreihen vor dem Entree. Schulklassen staunten vor Stoffdekoren, die sie »echt voll stark« fanden, und auch mancher, mit dem ich in der Vergangenheit meine liebe Not hatte, tauchte wieder auf. Der alte Drogist Buschwald zum Beispiel. Einige Jahre zuvor hatte er seine Drogerie für immer geschlossen. Schaufensterfront und Eingangstür, 1948 entworfen von dem bekannten Kölner Wiederaufbauarchitekten Karl Band, überließ er mir nur zögernd für meine Sammlung. Er hatte Schwierigkeiten mit mir – mein schriller Aufzug erschien dem rechtschaffenen Kaufmann suspekt. Nun fand er sich zweimal in der Woche ein, Freunde und Verwandte um sich geschart, verwies voller Stolz auf die Objekte aus der Zeit seiner Selbständigkeit und wurde nicht müde zu erzählen, daß die Leuchtreklame damals von der Firma Camelia bezahlt worden war – in Würdigung des unerklärlich hohen Absatzes an Damenbinden in der Drogerie Buschwald. Von ihm erhielt ich freundlicherweise auch jede Menge Verkaufsartikel, die längst schon nicht mehr im Handel sind oder ihr Gesicht stark verändert haben – kein Wunder, neuerdings werden ja sogar die Waschmittel als Perlen verkauft. Diese Produkte kann ich bis heute bei Interieurs von Frisiersalons, Parfümerien oder Gemischtwarenläden wunderbar einsetzen, um ein authentisches Bild zu vermitteln.

Alltagskultur – mal hart am Rande des Kitsches, mal künstlerisch durchdacht und klassisch. Professor Erna Hitzberger, sie hatte jahrelang die Klassen für Tapeten und Stoffdekore in der Folkwangschule geleitet und mir zwei Monate vor der Eröffnung noch mit Mustertapeten ausgeholfen, war zweimal zu Gast. Ihre vom Bauhaus geprägte Auffassung hielt sie noch immer hoch: Voraussetzung für die Gestaltung der »guten Form« sei die Einheit von Kunst und Handwerk; dazu ein Respekt vor den verwendeten Materialien sowie das Wissen, wie man mit ihnen umzugehen hat, für welche Designs sie sich eignen und für welche nicht. Die Exponate, Arrangements und Inszenierungen inspirierten die deutsche Designerin alter Schule, im Gästebuch noch einmal über ihre strengen Gestaltungsgrundsätze zu philosophieren: »Es bleibt dem Betrachter überlassen, das Gute vom Bösen zu unterscheiden. Es liegt nicht an der industriellen Fertigung, sondern an dem Geist, der Einstellung und dem Wissen über

Form, Farbe, Material und Zweckmäßigkeit... Es wird viel Aufklärung nötig sein, um zu vermitteln, wann etwas gut oder schlecht, wann etwas gelungen oder indiskutabel, wann etwas modern oder modernistisch gestaltet wurde und wird. Falsche Töne und falschen Rhythmus hört auch der Unmusikalische. Optische Eindrücke zu werten ist – abgesehen vom absolut subjektiven Empfinden – viel, viel schwerer.«

Bis zum letzten Tag bugsierte ich noch Ergänzungen in die Ausstellung, dekorierte vor den Augen der etwas erstaunten Gäste um, prüfte und verbesserte. Jede Inszenierung ist wie ein Lebewesen, das wächst, wie ein organischer Prozeß, der sich unter meinen Händen verändert. Am 26. Januar 1986 durchschritt ich mit einer Träne im Knopfloch die Halle. Die sechs Wochen waren wie im Fluge vergangen. Margarethe Amanda Braungart, genannt Frau MA, eine Kölner Kunstliebhaberin, die ihr Etablissement im Stil eines französischen Salons betreibt, hatte, um mich zu überraschen, Wunderkerzen verteilt. Der Kassierer bat schon die letzten Besucher zum Ausgang, da verlöschte das Licht, und alle meine Objekte erstrahlten im Glanz der abbrennenden Kerzen. Ein stilles Ende. Plötzlich heulten Sirenen, brüllte Dr. Herzogenrath: »Alle hinaus auf den Hof!« Sechs Löschfahrzeuge der Feuerwehr waren mit Martinshorn und Blaulicht vorm Kölnischen Kunstverein vorgefahren. Dank der Rauchwarnanlage wurde aus Frau MAs Überraschung ein Abschluß mit Knalleffekt.

Die Ausstellung war abgebaut, ein Höhepunkt meines bisherigen Lebens lag hinter mir. Was sollte nun kommen? Gerade nach besonders schönen Erlebnissen dauert es eine Weile, bis man sich wieder mit seinem Alltag zufriedengibt. Doch Ruhe kehrte nicht ein. Auf der Straße und am Telefon sprachen mich Kölner Bürger an, weil sie Möbel oder Lampen, von denen sie sich trennen wollten, bei mir in guten Händen wähnten.

Meine Sammlung wuchs in rasanter Geschwindigkeit. Daneben hielt mich die Spurensicherung in Atem – Schaufensterfronten, Neonreklamen und Eingangstüren. Manchmal betreute ich zwei, drei Demontagen parallel, hetzte von einer Baustelle zur anderen, um die Arbeiter in Schach zu halten, damit nichts entzweiging. Wenn abmontierte Werbeanlagen neben unserem Haus auf dem Trümmergrundstück zwischengelagert waren, erfüllte mich wochenlang die Sorge, den geretteten Stücken könnte etwas geschehen. Unsere Hausbesitzerin, Hilde Kirschbaum, – mindestens so betagt wie aufgeschlossen und tolerant – ließ mir Narrenfreiheit. Ich beanspruchte inzwischen acht Kellerräume, im Treppenhaus lagerten Vasen und waren Teile meiner Plakatsammlung an die Wände geheftet. Die anderen Mietparteien nahmen es hin. Und als Frau Kirschbaum eines Tages zu mir sagte: »Herr Götting, zeigen Sie mir doch einmal, welche Kellerräume Sie im Moment benutzen!« führte ich sie hinunter und log, nur drei der Keller belegt zu haben. Frau Kirschbaum lächelte in sich hinein. Wir wußten beide: die Wahrheit zwänge sie zum Eingreifen. Hätte Hilde Kirschbaum damals nicht beide Augen zugedrückt, ich hätte aufgeben müssen.

Doch schon bald übergab Hilde Kirschbaum die Hausverwaltung an ihre Erben. Nachdem die Stadtwerke sich mehrfach beschwert hatten, weil ihre Angestellten es nicht vermochten, sich bis zu den Zählern durchzukämpfen, forderten die Erben mich auf, den Keller zu räumen. Meine Wohnung platzte ohnehin schon aus den Nähten; wenn ich nun die Lagerbestände aus dem Keller entfernen mußte, blieb mir nur eins, nämlich meine Sammlung aufzulösen. In meiner Not wandte ich mich in Bittbriefen an die Bürgermeisterin Gepa Maibaum, den Oberstadtdirektor Kurt Rossa, den Generaldirektor der Kölner Museen, Prof. Dr. Hugo Borger, und die Stadtkonservatorin Prof. Dr. Hiltrud Kier.

Weder die Briefwechsel mit dem Oberstadtdirektor und der Kulturverwaltung noch die Hilferufe an die Bürgermeisterin und auch nicht ihr von Presserummel begleiteter Besuch hatten gefruchtet. Die besorgten Bürger und Kunstfreunde, die Anteil an meinen Nöten nahmen oder mir Objekte anvertrauen wollten, trösteten mich in dieser Zeit, vermochten meine Probleme aber nicht zu lösen. Alles, was die Bürgermeisterin für mich tun konnte, war, einen Brief an den Rechtsanwalt der Hausverwaltung zu schreiben, in dem sie um Geduld und Verständnis für mich warb. Ein letztes Mal bat ich unsere Stadtkonservatorin um Hilfe. Sie war zwar nicht zuständig, aber sie hatte mich schon manches Mal ermutigt. Schließlich setzte Hiltrud Kier gemeinsam mit dem Generaldirektor der Kölner Museen durch, daß die Stadt Köln mir zwei Lagerräume am Stadtrand verschaffte. Damit war erstens meine Sammlung gerettet und zweitens sichergestellt, daß ich meine Arbeit weiterführen konnte. Denn noch immer gab es eine Menge zu tun.

Ich fischte einen kleinen handbeschriebenen Zettel aus meinem Briefkasten: »Hermann, paß auf! Die VW-Werbeanlagen am Fleischhauer-Haus, Hohenzollernring, sind in Gefahr. Du mußt dich kümmern!« Freunde, die inzwischen auch sensibilisierten Blickes durch die Stadt gingen, hatten ihn noch abends spät eingeworfen. Ich erinnerte mich: Das Fleischhauer-Haus, benannt nach dem renommierten VW- und Porschehändler am Ring, war von dem bedeutenden Kölner Nachkriegsarchitekten Hans Schilling entworfen worden. Schilling hatte das Gebäude konsequent durchgestaltet, Baukörper, Werbeanlagen, Schaufenster und Türen waren aufeinander abgestimmt, ergaben weit mehr als die Summe seiner Teile, zeigten sich als ein atmosphärisch leichtes Ganzes. Nun sollte das Haus offensichtlich »modernisiert« werden.

Auf der Hebebühne des Kranes nahmen die Arbeiter bereits Maß, um die Demontage vorzubereiten. Wie so oft mußte ich einen Wettlauf mit der Zeit antreten. Bauleitung und Firmenchefs wollten überzeugt werden, Arbeiterunwillen vermochte ich mit Bestechungszigaretten in Gewogenheit zu verwandeln. Erst jetzt erfuhr ich, daß sich Hiltrud Kier bereits erfolglos dafür eingesetzt hatte, daß die Anlagen an der Fassade verblieben. Im Krankorb schwebten mein Hund Nicki und ich durch die Kölner Lüfte, mir wurde mulmig: Das große VW-Emblem maß im Durchmesser sechs, die beiden kleineren jeweils drei Meter. Vierzehn Stunden lang dauerte die Demontage, vierzehn Stunden lang nahm ich ängstlich die in der Nazi-Zeit für »Kraft-durch-Freude«-Wagen entworfenen Embleme in Empfang, verteidigte sie gegen stolpernde Passanten, säuberte sie vom Staub und Straßenschmutz der letzten Jahrzehnte. Der Transport der beiden kleineren Reklamen, sie waren nur stehend auf dem Unimog zu expedieren, scheiterte auf dem Weg in mein Lager an erbarmungslos niedrigen Brückenkonstruktionen. Hektische Telefonate – als der flachere Pritschenwagen eintraf, umtoste ein Verkehrschaos Reklamen, Unimog, Arbeiter, meinen Hund und mich. Heute bin ich stolz darauf, daß ich diese einstmals größten acrylglasverformten Werbeanlagen Europas für meine Sammlung retten konnte. Bald danach ergänzte ich sie mit den Bauzeichnungen, die das leider zerstörte künstlerische Gesamtkonzept des Hauses belegen. Dennoch wäre es mir natürlich lieber, sie hingen noch dort, wo sie hingehören: am Fleischhauer-Haus. Das Gebäude, renoviert und der Leuchtreklamen beraubt, verlor seine gestalterische Harmonie, die Fassade wirkt auf mich wie eine Uhr ohne Zeiger.

* * *

Im Restaurant George Sand fand sich alljährlich eine illustre Runde streitbarer Damen ein, um des Geburtstages der Stadtgründerin Kölns zu gedenken. Sie waren die einzigen. Agrippina die Jüngere, in der römischen Ubiersiedlung zur Welt gekommen, hatte zwar dem Dorf am Rhein den Status einer Kolonie verliehen, spielte aber im öffentlichen Bewußtsein Kölns kaum eine Rolle. Lediglich in der Amtskette des Bürgermeisters und – seit kurzem – als Figur auf dem Rathausturm kam die Römerin zu Ehren, sonst nicht.

Eigentlich kein Wunder: die mehrfach verwitwete Agrippina, kaiserlichen Geblütes und ohne Skrupel, hatte im wüsten Rom kurz nach Beginn der Zeitrechnung kräftig mitgemischt. Als Schwester Caligulas zu hohen Ehren gekommen, heiratete sie am Ende ihren Onkel Kaiser Claudius, ließ schließlich dessen ehemalige Gattin, die ebenfalls ein ausschweifendes Leben führende Messalina, um die Ecke bringen und setzte ihren Sohn Domitius als Thronfolger durch. Freilich erst, nachdem alle anderen Thronanwärter ermordet oder dermaßen unter Druck gesetzt waren, daß sie sich selbst ihr Licht ausbliesen. Domitius ging später als halbwahnsinnig-leiernder Kaiser Nero auch nicht gerade ruhmreich in die Geschichte ein. Er ließ nicht nur Rom anzünden, sondern trachtete auch seiner Mutter nach dem Leben. Nachdem weder Gift noch das eigens konstruierte Schiff, welches auf offenem Meer auseinanderbrechend die Kaisermutter in die Tiefe reißen sollte, ihrem blaublütigen Leben ein Ende setzen konnte, war es zum Schluß ein Dolch in den Händen gedungener Mörder.

Agrippinas Ehebrüche, der Gattenmord und ihr entschlossener Griff nach der Macht trieben, so darf vermutet werden, Historikern und Honoratioren der Stadt Köln Schauer über den Rücken. Mit diesem männermordenden, dazu noch christliche Tabus brechenden Frauenzimmer wollte niemand etwas zu tun haben. Agrippina – die totgeschwiegene Stadtgründerin. Ein Fall von männlich-arroganter Geschichtsschreibung, empörten sich die Frauen um die Schauspielerin Lorose Keller und die ehemalige Tänzerin MA Braungart.

Damals hatte ich schon mehrere Feste für die Künstlerinnen Kölns ausgerichtet. Unter dem Motto »Was die Frau will, will Gott« lud ich unter anderm Modeschöpferinnen, Sängerinnen und Tänzerinnen ein, um die Vertreterinnen der unterschiedlichen Disziplinen miteinander bekanntzumachen. So war ich auch bei den Agrippina-Feiern ein gerngesehener Gast.

1986 schließlich ereiferten die Frauen sich dermaßen, daß sie selbst zur Denkmalsenthüllung schritten. Die »Tragödin«

Lorose Keller, die ihrem selbstgewählten Titel nicht nur auf der Bühne alle Ehre machte, überreichte mir ein selbstgeschaffenes Gemälde von wüster Symbolik: Agrippina auf blutrotem Grund, ein geöffnetes Auge auf die Macht werfend, das geschlossene ihrem ramponierten Seelenleben zugewandt, der abgebrochene Arm ihrer Büste trägt das römische Kulturerbe bis in unsere Zeit und stülpt sich demonstrativ über Kriegsgeräte als Insignien männlicher Macht. Dazu trug die Keller, angetan mit einer Tunika und einem gefährlich verrutschenden Lorbeerkranz, eine Rede vor, in der sie Agrippina zu rehabilitieren suchte. Und tatsächlich: die Patronin Kölns hatte nichts anderes getan als die Männer ihres Umfeldes, sie hatte sich den Gepflogenheiten anpassen müssen, um an der Macht teilzuhaben, aber auch, um an der Spitze des römischen Imperiums zu überleben. Wenigstens eine Zeitlang.

Keiner wollte das Bild haben, Museen hatten dankend abgelehnt, kommunale Amtsträger entsetzt abgewinkt. Nun also hängt das einzige Agrippina-Denkmal, geschaffen von Tragödinnenhand, in meinem Salon.

Solchermaßen in den Kreis entschlossener Kölnerinnen aufgenommen, war ich natürlich etwas konsterniert, als ich erfuhr, daß ausschließlich Frauen an dem großen Fest anläßlich des zehnjährigen Geburtstages der Zeitschrift Emma teilnehmen durften. Ich setzte alles daran, auf die Einladungsliste zu gelangen.

Zehn Jahre Frauenzeitschrift Emma – viel gehaßt, oft verspottet, heißgeliebt. Zehn Jahre mitunter beißende Kritik an der patriarchalischen Gesellschaftsform, zehn Jahre Zivilcourage waren für die Herausgeberin des Magazins, Alice Schwarzer, ein Grund zum Feiern. Ich sprach sie an: »Frau Schwarzer, die ersten drei Ausgaben Ihres Magazins habe ich in meiner Sammlung, und ich würde mich sehr, sehr freuen, Ihr Jubiläum mitfeiern zu dürfen!« Sie zögerte nicht lang, zwei Tage später lag eine handgeschriebene Einladung vor mir, in der die Vorkämpferin der Emanzipation mich aufforderte, schon mal mein schönstes Kleid bereitzulegen.

Mein schönstes Kleid – solch hochgesteckte Erwartungen verpflichten natürlich. Als ich vor der großen Freitreppe der Kölner Flora aus dem Taxi stieg, trug ich tatsächlich das wertvollste Kleinod, das mein Kleiderschrank bereithielt. Ein transparentes, schwarzes Baumwollgewirk aus den zwanziger Jahren, durchzogen von metallischen Fäden echten Silbers. Nur eine einzige Frau beherrschte im Paris des Art déco diese Verarbeitungstechnik. Durch einen glücklichen Zufall habe ich einige ihrer Arbeiten retten können. Eine absolute Rarität! Vorne unterlegt mit rotem Kattun, ließ das Kleid hinten manches offen. Darunter trug ich lediglich ein Schrittband, Wadenstulpen und rote Schnabelschuhe. Nicht zu vergessen meinen strohfarbenen Florentinerhut – Durchmesser: fünfundneunzig Zentimeter! – auf dem Kopf und den Fächer in der Hand. Für alle Fälle hatte ich mir ein langes, rotes Cape über die Schultern gelegt. Am oberen Ende der Freitreppe nahm Frau Schwarzer ihre Gäste in Empfang, auf halber Höhe hatte sich ein Kamerateam des WDR postiert. Im Augenwinkel bekam ich mit, wie die Kamera mir folgte, und dachte: Na wartet! So elegant ich es vermochte, ließ ich das Cape von meinen Schultern gleiten. Der Mond ging auf. Im rappelvollen Saal konnte ich eine wütende Feministin nur unter Drohungen davon abhalten, mir den Hut vom Kopf zu ziehen, bald danach spürte ich eine zaghafte Hand an meiner Hinterseite – naja, damals war ich noch etwas schmaler.

Alice Schwarzer fiel es schwer, sich für das Kleid zu begeistern. Am Rande der – sonst gelungenen – Party hielt sie mir eine handfeste Gardinenpredigt, war offensichtlich verärgert, vielleicht, weil sie selbst bei ihrem Auftritt ein weniger aufsehenerregendes, etwas durchsichtiges Oberteil trug oder in Besorgnis um den Seelenfrieden ihrer feministischen Besucherinnen. Doch ungeachtet unserer Auseinandersetzung während des Emma-Jubiläums: Ich schätze die umstrittene Alice Schwarzer – wegen ihrer messerscharfen Klugheit und wegen ihres Mutes, auch unangenehme Wahrheiten auszusprechen. Einige Zeit vor dem Fest in der Flora hatte ich sie gebeten, vom vertraulichen Du wieder zum distanzierteren Sie überzugehen. Nicht als Affront, sondern als Ausdruck des Respektes. Sie verstand und akzeptierte. Für mich persönlich ist sie übrigens eine sehr schöne Frau. Sicherlich nicht auf so vordergründige Art und Weise wie manches hochbezahlte Model, das – sowie es den Mund aufmacht – ernüchternde Betroffenheit hervorruft. Aber wer Alice Schwarzer kennt, wer sie unvoreingenommen beobachtet, wenn sie Gedankengänge entwickelt und formuliert, weiß, was ich meine.

* * *

Acht Jahre lang trieben die Baustellen am Kölner Ring Autofahrer in den Wahnsinn, Stöckelschuhträgerinnen an den Rand des Nervenzusammenbruchs und Geschäftsleute in den Ruin. Dann war es soweit: Mit einem großen Fest im September 1988 feierten Kommunalpolitiker, Planer, Geschäftsleute und Hunderttausende von Kölnern sich selbst und das Ende der Ringgestaltung – im wahrsten Sinne des Wortes. Großes Trara, Volksfest und Champagnerstände. Ich sah es nur von weitem und setze mich wutentbrannt in die tageslichtfernen Gewölbe meines Kellers ab. Eine vertane Jahrhundertchance. Der Ring, einst eine repräsentative Flaniermeile mit hochherrschaftlichen Gebäuden, war nun zum Nürburgring mutiert. Hingeworfen auf den Altar des allesverschlingenden Götzen Auto, verurteilt zu einem Ende ohne Ruhm. Vor den Häuserfassaden hatte man Lampen aufgestellt, sündhaft teure Neuauflagen der Exemplare, die schon zu Kaisers Zeiten Licht, aber kaum Erleuchtung gebracht hatten. Nun ragten sie vereinsamt in die abgasgeschwängerte Luft, als hätte man sie für eine Dorfstraße vorgesehen und versehentlich hier stehengelassen, deplaziert vor modernen Häuserfassaden, die – oft genug verschandelt und jeden Stiles beraubt – Imbissen, Billig-Märkten und Sex-Shops schäbige Unterkunft boten. Am schlimmsten traf es den Rudolfplatz: Vor dem Hochhaus aus den sechziger Jahren rodete man sämtliche Bäume, den Platz um das wuchtige Stadttor gegenüber verfusselte man dermaßen, daß der Passant kaum noch in der Lage war, die an sich großzügige Gesamtanlage wahrzunehmen. Eine Steinwüste – verunziert mit einer Poller-Jahresproduktion und Pseudo-Gründerzeitbänken. Bedauerlicherweise vermochten die anderen Plätze am Ring es nicht, den traurigen Eindruck zu korrigieren. Die eleganten Geschäfte hatten sich längst zurückgezogen, nur sehr vereinzelt hellten die Auslagen vornehmer Möbel- oder Antiquitätenhändler das trostlose Bild auf. Warum sollte man hier flanieren? Vorbei die Zeiten, da mehr als zwölf Konditorei-Cafés einluden, endgültig. Selbst im ehemaligen Café Zell, der Volksmund nannte es »Café der unverstandenen Frau«, spielte längst keine Kapelle mehr zum Tanz auf, und viele Frauenherzen mußten – vermutlich bis heute – ungetröstet bleiben.

Ein Treppenwitz der stadtplanerischen Geschichte Kölns ist die sogenannte U-Bahn. Auch hier Etikettenschwindel. Unterpflaster-Bahn wäre im Fachjargon die korrekte Bezeichnung für das provinzielle Bemühen um überflüssige Großstadt-Attribute. Zweihundertsiebzig Millionen Mark für den Tunnelbau im Rahmen der Ringgestaltung versikkerten im Untergrund, brachten Kommunalpolitiker ins Schwitzen, die Gestalter der Stationen leider nicht auf originelle Ideen und bereicherten das heilige Köln um lieblos von Eisenteilen umgitterte Eingänge in freudlose Passagen. Wie auf dem Melatenfriedhof.

Offensichtlich waren Planer und Politiker überfordert, einem historischen Straßenzug seine Bedeutung zurückzugeben. Sie schämten sich allerdings nicht, die sogenannte Ringgestaltung mit Champagner zu begießen.

* * *

Ab Ende der achtziger Jahre begann man mich als »Kölner Original« mißzuverstehen. »Originale« waren in meiner Jugend diejenigen Bürger, die heute ummauerte Anstalten kaum mehr verlassen dürften. Eine Auszeichnung also, auf die ich verzichten kann. Außerdem bin ich kein Kölner. Hier bleiben Zugezogene »Immis«, und ich lege auch keinen Wert darauf, mir köllsche Ursprünglichkeit anzumaßen. »Kölner Original« hin oder her – mir erschienen einige Kölner Publikationen als ein geeignetes Forum, um auf meine Arbeit hinzuweisen und für die Sache der Alltagskultur eine Lanze zu brechen. So appellierte ich zum Beispiel an die Hausbesitzer, ihre alten Gebäude nicht mehr weiter mit großflächigen Plastikfenstern zu verschandeln. Ich sah es schließlich an allen Ecken und Enden: Was der Krieg nicht geschafft hatte, das schafften nun die Hausbesitzer und Architekten. Es machte mich wahnsinnig zu beobachten, daß man aus den alten Gründerzeithäusern die Kreuzfenster herausriß oder von Jugendstilhäusern die sprossengeteilten Scheiben abbrach. Mit welcher Leichtfertigkeit griff man in gewachsene Bausubstanz ein! Diese Fenster hatten doch Geschichte erlebt, von den Hohenzollern über die Braunhemden bis zu den Bombennächten und den Jahren des Wirtschaftswunders. Wie Augen sahen sie, was in dieser Stadt geschah und noch geschieht. Nur weil es Herrn Meier oder Frau Müller ein bißchen am Hintern zog, wanderten sie nun in die Container. Schlecht proportionierte Plastikware aus der Fabrik trat an ihre Stelle. Dabei wußte doch längst jedes Kind, daß die luftdichten Kunststoffenster dem Raumklima und auch der Bausubstanz dauerhaften Schaden zufügten. Die kunststoffverarbeitende Industrie hat die Ausstrahlung und den Charme unendlich vieler alter Häuser auf dem Gewissen. Ein Zerstörungswerk, fast, als hätte man die Häuser ganz abgerissen.

Alles, was über den Durchschnitt hinauswies, was künstlerisch oder originell war, verschwand nach und nach: Kunst am Bau, eine ausgefallene Schaufensterkonstruktion mit Rundglasscheiben oder eine aufwendige Neonreklame. Statt dessen beliebige Gestaltungselemente, die in keinem Zusammenhang zueinander stehen, Leuchtreklamen aus leblosen Plastikkästen zumeist. Natürlich ist es wesentlich billiger, diese gepreßte Fabrikware ab und zu mal abzuwischen und eine Leuchtstoffröhre auszuwechseln, als eine alte Anlage zu warten. Aber die Ästhetik bleibt auf der Strecke, verschwindet erst aus dem Gesichtsfeld und dann aus dem Empfinden der Bürger, Gestaltungsmöglichkeiten werden vertan, fallen dem allgemeinen Schlendrian zum Opfer. Auch unter dem Gesichtspunkt der Werbewirksamkeit ist mir diese Nullachtfünfzehn-Reklame eigentlich immer unverständlich geblieben: Ein von Künstlern und Handwerkern sorgfältig gestaltetes Objekt zieht doch mehr Blicke auf sich als irgendein Plastikkasten, den eine Maschine gepreßt hat.

Blinkwerbeanlagen, die wahrscheinlich maßgeblich am Zustandekommen des geflügelten Wortes vom »pulsierenden Leben unserer Städte« beteiligt waren, sind völlig aus dem Stadtbild verschwunden. Eine verordnungsverliebte Bürokratie hat sie verboten, weil sie angeblich die Konzentration der Verkehrsteilnehmer beeinträchtigen. Absurd. Rollschuhfahrer und Radler brausen entrückt mit einem Walkman über die Straßen, die Autofahrer rasen mit einer halben Diskothek im Wagen durch die Stadt, es wummert und dröhnt, daß die Fußgänger verstört stehenbleiben. Sind diese Verkehrsteilnehmer nicht abgelenkt? Können sie das Martinshorn hören, wenn Krankenwagen und Feuerwehrfahrzeuge zu Hilfe eilen wollen?

Die Gretchenfrage in Köln lautet: Wie hältst du es mit dem Karneval? Im November 1988 lud man mich unter dem Motto »Jeck loss Jeck elans« (Laßt die Jecken Jecken sein) zu einer Podiumsdiskussion ein. Pro und Contra Karneval. Jochen Arlt, ein Journalist, der mir im Buch »Kölner Stadtgespräche« Sätze in den Mund gelegt hatte, die jeden Leser unverrückbar zu dem Schluß kommen ließen, ich wäre exorbitant zickig und von haltlosem Größenwahn befallen – dieser Jochen Arlt hatte mich als Teilnehmer für die Diskussionsrunde vorgeschlagen. Wieder hatte er mich reingelegt. Erst als ich in der Mayerschen Buchhandlung eintraf, wurde mir bewußt, daß mir – und nur mir – die Rolle des Karnevalsgegners in der achtköpfigen Runde zugedacht war. Da saß ich armer Tor mit buntem Gewand, wagenradgroßem Hut und dolchlangen Fingernägeln zwischen graunadelgestreiften Überzeugungsnarren. Gerade die harmlosen Äußerungen wie: »Ich habe nichts gegen den Karneval, aber auch nichts dafür« oder: »Ich nehme mir jeden Rosenmontag frei, um in aller Ruhe meinen Keller aufzuräumen« brachten die Berufsjecken auf die Palme. Als ich erklärte, daß ich mein Outfit nicht als Verkleidung, sondern als Ausdruck meiner Persönlichkeit begreife, verstanden die Krawattenträger Bahnhof. Da ich die Rolle des Gegners nicht annahm, sondern mich angesichts der eisigen Ablehnung, die mir entgegenschlug, auf eine gleichgültige Position zurückzog, fühlten sie sich nicht ernst genommen, ließen mich erbarmungslos in den Pointen meiner harmlosen Scherze schmoren. Allmählich wurden die Angriffe erbitterter, die Attacken gemeiner. Verstärkung war nicht in Sicht, lange war meine Stellung auf dem Podium nicht mehr zu halten, ich mußte meinen Abgang einleiten: »Meine Damen und Herren, wir sollten nicht nur über den Karneval reden. Lassen Sie uns doch, um über allen Diskussionen nicht aus den Augen zu verlieren, worum es geht, gemeinsam ein Karnevalslied singen.« Ohne eine Antwort abzuwarten, stimmte ich »Heidewitzka, Herr Kapitän« an. Nach und nach fiel das Publikum mit ein. Am Ende des Liedes, die Herren am Tisch hatten inzwischen eine grünliche Gesichtsfarbe angenommen, sagte ich: »Ich hoffe, Sie haben Verständnis dafür, daß ich jetzt gehe!«

Auf dem Nachhauseweg sinnierte ich über das Heiligtum Karneval. Bis heute begreife ich nicht, wie die Narren es schaffen, auf Kommando lustig zu sein. Frauen, die gestern noch schmallippig und freudlos durch die Straßen eilten, spielen verrückt, wenn Weiberfastnacht im Kalender steht – und in den folgenden Tagen sind die Männer nicht besser. Zum konventionellen Sitzungskarneval fällt mir seit Jahrzehnten schon nichts mehr ein – er parodiert sich selbst, und damit ist eigentlich alles gesagt. Und auch wenn ich für jede Albernheit zu haben bin, aufgesetzte Fröhlichkeit steckt mich nicht an. Nun gut, rosenmontags, beim Möbelrücken in meinem Keller, denke ich mir immer: Hermann, du erwartest von deinen Mitmenschen Toleranz, also akzeptiere auch die anderen. Jeck loss Jeck elans!

* * *

Unter dem Titel »Made in Western Germany« erhielt ich 1988 die Möglichkeit, im Studio DuMont an meinen Ausstellungserfolg im Kunstverein anzuknüpfen. Als Werbegag schlug ich vor, die alte Leuchtreklame der Kölner Nachtbar Goldener Spiegel aufarbeiten zu lassen und mit dem Schriftzug »Made in Western Germany« zu versehen. Alles schien in bester Ordnung, die Verlagsgalerie Studio DuMont, betrieben vom Kölner Pressezaren Alfred Neven DuMont und seiner Frau, akzeptierte mein Konzept. Auf hundertfünfzig Quadratmetern konnte ich meine besten Stücke der »Von Maurice Chevalier bis zum Nierentisch«-Ausstellung präsentieren und, gewissermaßen als Premiere, manch neues Stück meiner Sammlung. Aus Lagern, Kellern und Schränken suchte ich Kartons mit Accessoires, Geschirr, Stoffen, Tapeten heraus und sagte mir: Du darfst es dir nicht zu leicht machen! Nach dem Besucherrekord im Kölnischen Kunstverein hatte ich mir Maßstäbe gesetzt. Wieder erlaubte ich mir das Vergnügen, die Eröffnungsfeier im Stile eines Varieté-Programms mit verschiedenen Künstlern zu gestalten. Doch schon bald nach der Vernissage gab's Ärger. Alfred Neven DuMont fühlte sich durch das Blinken der neun Meter hohen Neonanlage vor seinem Bürofenster bei der Steuerung des Verlagsschiffes durch die Klippen Auflagenhöhe und Anzeigeneinnahmen gestört. Fortan mußte das Zehner-Blinkrelais abgeschaltet werden, sobald der Chef das Foyer betrat. Nun gut. Doch die sechs Sterne, die Schriftzüge »Cabaret«, »Made in Western Germany« und »Bar« sowie die drei Lichtbögen brachten noch ganz andere Gemüter in Wallung. Angeblich, so teilte Frau Neven DuMont mir mit, hätten mehrere Leser des Kölner Stadtanzeigers angerufen und sich darüber empört, daß im Verlagshaus der renommierten Zeitung offensichtlich zwielichtige Nachtlokale ihr Geschäft aufgenommen hatten. Dann trat der Vertriebsleiter des Verlagshauses auf den Plan. Der zum Bürohengst avancierte Diplom-Landwirt verwand sich heldenmütig und unter Einsatz seiner ganzen Persönlichkeit dafür, die Weste des Hauses blütenrein zu halten. Schließlich wurde mir eröffnet, die Anlage müsse weg. Ich konnte es kaum glauben und ließ mir, ganz schön in Fahrt, einen Termin bei Alfred Neven DuMont geben: »Diese Werbeanlage stammt aus einem Nachtclub der fünfziger Jahre. Im Goldenen Spiegel wurden Schönheitstänze aufgeführt, das war eine Kleinkunstbühne! Da wurde die Moral noch wesentlich größer geschrieben als heute. Sie nehmen täglich im Express Annoncen für Begleitagenturen und Hostessen an, für Bordelle und Saunen. Und jetzt soll ich diese historische Anlage von 1953 abbauen, weil sie Ihnen zu halbseiden erscheint? Das ist doch albern!« Neven DuMont versuchte mich zu beschwichtigen: »Wir werden schon eine Lösung finden.« Ich war immer noch schwer in Rage: »Es gibt nur eine Lösung! Diese Anlage bleibt. Oder die Ausstellung ist ab morgen geschlossen!«

Erst nach mehreren Besprechungen, in denen die Ressortleiter sich den Kopf darüber zerbrachen, ob der Schaden, den die Leuchtreklame dem Verlag zufügte, in Kauf zu nehmen sei, stand fest: Der Goldene Spiegel durfte – wenigstens wenn der Chef nicht im Hause war – noch einmal im Glanz seiner besten Zeiten erstrahlen.

* * *

Ab Mitte der achtziger Jahre machte ich mich einmal die Woche mit meinem Handwagen auf den Weg ins Umweltzentrum. Bepackt mit den leeren Hunde- und Katzenfutterdosen, ausgewaschenen Joghurtbechern, Küchenabfällen, Papier, Altglas, Lumpen und Plastikverpackungen. Vom grünen Punkt war noch keine Rede, und dem Ausdruck »Duales System« stand seine Erfindung durch PR-

Strategen noch bevor. Die Passanten sahen mich verständnislos an: Herr Götting, solange es nicht alle tun, hat Ihr Verhalten doch gar kein Sinn. Einer allein kann den wachsenden Müllbergen doch unmöglich Einhalt gebieten, solange die Mehrheit so weiter macht wie bisher! »Die Mehrheit ist kein Maßstab für Hermann Götting!« erwiderte ich verärgert. Wo bitte schön sollte ich anfangen, wenn nicht bei mir selbst?

Jahrelang hatte mich mein schlechtes Gewissen geplagt, wenn ich den vielen Müll, der allein schon durch meine Tiere anfiel, den Abfalltonnen überantwortete. Als das Umweltzentrum in der Utrechter Straße eröffnete, war ich dankbar, nun aus diesem Teufelskreis der Verschwendung ausbrechen zu können. Ich hatte schließlich in den mageren Nachkriegsjahren erlebt, wie wertvoll damals jeder Rohstoff war, und konnte auch deshalb nicht begreifen, wie gedankenlos Einwegprodukte und vollkommen überflüssige Verpackungen auf Kosten der Ressourcen unserer Erde auf den Markt geworfen wurden.

Im Supermarkt bei mir um die Ecke war ich zu dieser Zeit als Umweltapostel bei Verkaufspersonal und Kunden gleichermaßen gefürchtet. Ich zankte mich mit dem Filialleiter über das unsinnige Überangebot von Einwegverpackungen und legte mich an der Kasse regelmäßig mit Hausfrauen an, die bei jedem Einkauf zwei Plastiktüten verlangten. Verständnislose Blicke: Was geht Sie denn das an? – »Das geht mich eine Menge an. Mit jeder Tüte, die Sie hier kaufen, wird das Wasser belastet, von dem ich trinke, wird die Luft verschmutzt, die ich atme. Kinder, Tiere und Umwelt sind Ihrer Verantwortungslosigkeit wehrlos ausgeliefert!«

Auf einer Modenschau schickte der Designer Manfred Fenner als Provokation ein Model mit einem Mantel aus Plastiktüten über den Laufsteg. Eigentlich hatte er mit den häßlichen Tüten des Plus-Marktes nur einen Schnitt ausprobieren wollen, nun war diese gestalterische Trockenprobe eine aufsehenerregende künstlerische Umsetzung zum Thema Recycling geworden. Diesen Mantel wollte ich haben, unbedingt. Am Rudolfplatz kam es zu Auffahrunfällen, wenn ich plustütenumweht über die Straße eilte, immer wieder sprachen mich die Leute wegen meines Aufzugs an. »Ja, das ist Recycling, meine Lieben!«

Inzwischen ist Abfallvermeidung kein Fremdwort mehr und wenigstens manche Produkte in den Supermarktregalen zeigen sich umweltfreundlicher. Ein Anfang – zwar langsam, spät und mitunter halbherzig – ist immerhin gemacht. Doch leider haben sich die Menschen ihrer natürlichen Umwelt erschreckend entfremdet, den Respekt vor Naturphänomenen verloren.

Gewitter. Wenn die Elemente sich zeigen, wenn Blitze die Häuser für die Dauer von Wimpernschlägen in grelles Licht setzen und Donner über Dachfirste grollen, dann werde ich still. Und begreife nicht, daß junge Leute in ihren Autos gleichzeitig über die Richard-Wagner-Straße rasen, eingefangen von den Rattenfängerrhythmen ohrenbetäubenden Technosounds und vollkommen unbeeindruckt vom Schauspiel der Naturgewalten, wie mir scheint. Kaum jemand denkt daran, daß es etwas gibt, das größer ist als wir, von anderer Dimension als der Lärm, den wir veranstalten, und der Staub, den wir in der kurzen Spanne unserer Jahre auf Erden hinterlassen.

Vielleicht ist das der Grund, warum ich viele Menschen von heute nicht verstehe – kaum noch jemand ist bereit, sich in den Mitmenschen einzufühlen; was er für Leid empfindet, woran er Freude hat. Das verursacht Intoleranz, und sie vermindert die Lebensqualität aller. Die Menschen sind voneinander abgerückt, die meisten suchen ihr Seelenheil lediglich in immer mehr materiellem Reichtum – die Frage nach dem Sinn stellen nur wenige. Als wenn nicht längst klar wäre, daß sich die Glücksverheißungen durch immer mehr Wachstum längst ins Gegenteil verkehrt haben. Viele haben das Gefühl für ihre Möglichkeiten und Grenzen verloren, sind ohne jedes Maß. Die Auswüchse unserer Allmachtsphantasien machen vor der wehrlosen Kreatur gleich gar nicht halt. Sogenannte Versuchstiere müssen in den Labors der pharmazeutischen und kosmetischen Industrie peinvoll sterben. Meist dient ihr Leiden nicht einmal der Heilung schlimmer Krankheiten, sondern schlicht und ergreifend dem Profit.

Ende der achtziger Jahre reihte ich mich in Demonstrationen und Menschenketten gegen Tierversuche ein, nahm bei Unterschriftensammlungen Beschimpfungen in Kauf und begann mich weitgehend vegetarisch zu ernähren. Sind nicht alle Lebewesen gleichermaßen gewollt und zum Leben berechtigt? Wie oft habe ich Katzen aufgenommen, um sie vor der tödlichen Spritze des Tierarztes zu bewahren; mehrere meiner Hunde genügten den Zuchtkriterien nicht, wie mein schneeweißer gehörloser Hund Amor, ein Akita Inu, ein japanischer Tempelhund, der in Nippon ein Nationalsymbol ist. Ihr Leben galt als unwert – sie überlebten schließlich, weil ich ihnen Zuflucht gewährte. Ich denke dabei manchmal an meine Mutter: Sie hat eine Menge auf sich genommen, um mich zur Welt zu bringen. Dieser Achtung vor dem Leben fühle ich mich verpflichtet, jeder Kreatur gegenüber. Ein neuer Gleichgewichtssinn muß her, der sich in Feingefühl und Solidarität äußert im Umgang mit schwachen Geschöpfen anderer Art – Tiere und Pflanzen – oder eigener Art – Alte, Behinderte und Kinder –, der sich gründet auf Sparsamkeit, Vorsorge und Rücksicht. Das Wort Fortschritt bleibt bittere Ironie, solange den Menschen die Elemente Erde, Wasser und Luft entzogen oder vergiftet, solange Tiere in Versuchsstationen gemartert werden.

S*eit den sechziger Jahren* betreibt MA Braungart das Clublokal George Sand, benannt nach der großen französischen Frauenrechtlerin und Schriftstellerin des neunzehnten Jahrhunderts. Einst hatte Margarethe Amanda Braungart als Tänzerin grandiose Erfolge gefeiert, man erzählte sich, die längst verblichene Kölner Volksschauspielerin Grete Fluss habe sie mit den Worten: »Jetz kütt et Künnegin von Saba!« begrüßt. Seit sie nicht mehr königinnengleich über Bühnen schwebte, arbeitete sie mit Feuereifer an der selbstgestellten Aufgabe, Köln mit ihrer schillernden Erscheinung zu bereichern und durch Lesungen, Feste und Ausstellungen kulturelle Akzente zu setzen. Sie führt das George Sand bis heute im Stil eines französischen Salons der Jahrhundertwende: Frau MA gibt sich die Ehre. Jeder Gast wird, nachdem sich der Schlüssel im Schloß gedreht hat, persönlich von der Patronin begrüßt und zu einem Platz geführt. Sie ist mehr als die Wirtin eines Restaurants, sie ist die unumstrittene Königin in ihrem Reich. Von fast elisabethanischer Strenge – vor Widerspruch kann nur gewarnt werden –, besticht Frau MA vor allem durch ihre Ausstrahlung. Voller Huld läßt sie die Gäste an ihrem Glanz teilhaben, die letzte absolutistische Herrscherin des Abendlandes. Tritt der seltene Fall ein, daß Frau MA ihr Reich wegen außenpolitischer – also gesellschaftlicher – Verpflichtungen verlassen muß, dann sitzen die Gäste etwas irritiert herum und fühlen sich wie in einer Badewanne ohne Wasser. Ein mitleiderregend hilfloser Hofstaat, im Stich gelassen von der richtungsweisenden Monarchin.

Oft besuchte sie mich: Eingeschlagen in wärmende Tücher, brachte sie die jüngsten Belege ihrer exzellenten Kochkunst mit. Nach dem Mahl stöberten wir in Schränken zwischen antiquierter Tischwäsche und Schellackplatten, breiteten kunstvolle Handarbeiten auf dem Fußboden aus. Stundenlang. Wir telefonierten täglich, gingen zusammen zu Festen und Galerieeröffnungen, jeder vom Ehrgeiz beseelt, neben dem anderen nicht zu verblassen. Ein bißchen Konkurrenz muß schließlich sein. Mehrfach richtete sie für mich Geburstagsfeiern aus, bekochte die Gäste, sorgte für Getränke und warb Künstler für die Gestaltung des Kulturprogramms. Ich vertraue ihr, sie ist bis heute der einzige Mensch, der einen Schlüssel für meine Wohnung in seiner Obhut hat.

Es muß 1988 gewesen sein, da erzählte sie mir: »Herr Götting, bei Lindlau am Ring gibt es jetzt Roller für Erwachsene, was sagt Er dazu?« Sie liebt es, die Menschen in der dritten Person anzusprechen. Roller für Erwachsene? Ich konnte es mir nicht vorstellen. Am nächsten Tag belehrte mich der Fahrradverkäufer eines Besseren. »Wenn Sie vor Weihnachten noch einen haben wollen, müssen Sie heute bestellen. Frau Braungart will übrigens auch einen!« Für einen kurzen Moment versank ich in Kindheitserinnerungen. Wie hatte ich es geliebt, mit den Rollern über Hügel, durch Wälder und Auen zu schweben. Ich sagte ja. Als ich ihn zwei Wochen später abholte, war Frau MA soeben davongerollt. Zwei Tage später auf der Breiten Straße, der Fahrtwind umflatterte meine Pleureusen, Ivo, Nicki und Valentino trabten folgsam neben mir her, hielt mich ein vorlauter Fotograf des Kölner Expreß an und drückte auf den Auslöser: »Hermann, wo heste de Roller her?«

Die Klatschspalten der Boulevardzeitungen schrien täglich nach Nahrung, griffen auf die bunten Gestalten der Stadt zurück, längst war unklar, wer in diesem Spiel wen benutzte. Ich grübelte, dann entfuhr mir ein folgenschwerer Satz: »Der Oberstadtdirektor hat mir den Roller zu Weihnachten geschenkt. Frau MA hat übrigens auch einen bekommen!« Unter kurzem Winken, den verdatterten Fotografen hinter mir lassend, zischte ich ab. Da es den Redakteuren offensichtlich an gesellschaftlich relevanten Persönlichkeiten bei gesellschaftlich relevanten Anlässen mangelte, druckte der Expreß das Foto mitsamt von mir souffliertem Text. Frau MA schäumte: Ideenraub! Anmaßung! Größenwahn! Nach mehreren fernmündlichen Tobsuchtsanfällen – sie habe mit dem Roller einen Beitrag zur umweltgerechten Fortbewegung in der Stadt leisten wollen, die Kampagne sei von langer Hand geplant, bereits bestens vorbereitet und nun durch meine Eitelkeit verschenkt – brachte ich das Gefährt in den Keller. Ich bewegte mich wieder zu Fuß durch die Stadt, darauf angesprochen, erzählte ich, der Roller sei mir untersagt, Frau MA habe eine einstweilige Verfügung gegen mich erwirkt. Die Klatschkolumnisten rieben sich die Hände.

* * *

Im vegetarischen Restaurant Syrius waren alle Tische besetzt. Ich sah mich, das Tablett in der Hand, um. Im vorderen Teil des Lokals hatte sich ein junger Mann in seine Zeitung vergraben, er würde sich nicht gestört fühlen, dachte ich und setzte mich dazu. Als die nicht unerhebliche Menge pflanzlicher Speisen von meinem Teller verschwunden war und ich mich gesättigt zurücklehnen wollte, senkte der junge Leser seine Lektüre und sagte: »Wir kennen uns übrigens!« Ich lächelte, grübelte, fand kein Bild, keinen Namen, kein Gesicht, das ich mit meinem Gegenüber hätte in Verbindung bringen können, und entschloß mich zu einem freundlich überbrückenden »Ach?« Ich erfuhr, daß Eric Martin Balzer in meiner Nachbarschaft wohnte und er mich, wenn unsere Wege sich kreuzten, öfter gegrüßt hatte. Ich sah ihn an: dunkles Haar, braune Augen, blasse Haut, ein schwer zu bestimmender Zug um den schönen Mund, etwa dreißig Jahre alt. Und erinnerte mich noch immer nicht. »Es macht mir Spaß, Sie zu beobachten, in Ihren bunten Gewändern und mit Ihren Hunden geben Sie ein schönes Bild ab.« Solchermaßen geschmeichelt ließ ich mich gerne auf eine Plauderei ein, wir schlugen gemeinsam den Nachhauseweg ein und entdeckten gesprächsweise gemeinsame Bekannte aus der Travestieszene.

Wir telefonierten gelegentlich – daraus wurden meistens Stunden. Mir gefiel Erics burleske, spitzzüngige Art, sein Sarkasmus, seine Phantasie, die Schlagfertigkeit und geistige Wendigkeit – ich hatte das Gefühl, mir würde ein Spiegel vorgehalten. Stundenlang hockten wir auf der Bank und sponnen uns etwas zusammen. Schmückten albern und übermütig Anekdoten und Geschichtchen aus, bis wir Tränen lachten. Wir gingen gemeinsam aus, liebten es, zu Fuß in der Stadt unterwegs zu sein, und unternahmen Reisen – Eric lud mich ein nach Amsterdam, München, Hamburg und Berlin. Meine letzte Reise lag bereits mehr als zwanzig Jahre zurück – fehlgeschlagene Flitterwochen mit Ralf auf Formentera. Nun bummelte ich durch die Städte, an meiner Seite der Mensch, den ich liebte. In Köln begleitete Eric mich bei meinen Rettungsaktionen, half mir bei der Übernahme des Tapetengeschäftes Roosen, bis die Dekore ihm vor den Augen tanzten, und arbeitete in den Lagern mit. In den folgenden vier Jahren unserer Freundschaft stand Eric – mal abgesehen von den Zeiten unserer sporadisch auftretenden herzhaften Kräche – immer an meiner Seite, half mir, ohne nach einer Gegenleistung zu fragen, bereicherte mich mit den Gesprächen, die wir führten, und schenkte mir mit seiner blitzgescheiten Ironie zwerchfellerschütterndes Lachen und wunderschöne Stunden.

* * *

Seit 1989 feiere ich in jedem Spätsommer meinen fünfzigsten Geburtstag mit großen Bühnenshows und bis zu achthundert Gästen. Im Altweibersommer 1992 lagen bereits Monate der Vorbereitungsarbeit hinter mir, Gespräche mit Künstlern und Sponsoren, den Druckern des Programmheftes und den Technikern, als endlich der Lieferwagen mit der Ausstattung fürs Bühnenbild vorfuhr. Septemberregen fiel auf das müde Grün der Bäume, wieder einmal zitterte ich um die Objekte aus meiner Sammlung. Wir hatten nur wenige Stunden Zeit, um den Black-Box-Veranstaltungssaal des Kinos Cinedom in eine berauschende Varietékulisse zu verwandeln. Als das letzte Stück, ein Fünfziger-Jahre-Sofa, von der Ladefläche gehoben wurde, schlug der Fahrer die Wagenplane zurück, ein Sturzbach ging nieder. Eine Stunde lang bearbeitete Eric das Möbel mit trockenen Tüchern und einem Fön, kaum hatte er ihn aus der Hand gelegt, trafen die ersten Gäste ein. In der Einladung zu meinem dritten fünfzigsten Geburstag unter dem Motto »Da macht mir keiner was vor« hatten wir um ein schrilles Outfit gebeten. Jeder sollte Darsteller sein, jeder seine Bühne bekommen, niemand sich auf den Zuschauerstatus im Stuhlreihendunkel reduziert fühlen. Das ließen sich die Leute nicht zweimal sagen. Da raschelten die Schleppen, wogten die Hüte, knautschten Latex und Leder, klimperten Pailletten und Ohrgehänge, schimmerte Haut in Dekolletés und anderswo. Unglaublich, was die Leute aus ihren Kleiderschränken zaubern, wenn sie dürfen. Ich freute mich über die Paradiesvögel genauso wie über meine braveren Gäste. Bürger, die mir etwas für die Sammlung überlassen hatten und mit Großvaters Monokel und Vatermörder vor mir standen, oder flotte Rentnerinnen, die ich aus der Straßenbahn kannte. So fanden sich ehemalige KVB-Kollegen ein, Tänzerinnen aus den Nachtclubs, Sammler und Designer, Historiker aus der Museumslandschaft, Schauspieler und Lokalgrößen, Verwandte und Schulkameraden aus Haiger, eine Gruppe Körperbehinderter, ein Penner und jede Menge Szenehühner. Wenn man dreißig Jahre in einer Stadt lebt, kommt eine Menge zusammen. Etwa sechzig Künstler gestalteten den Abend – das Tango-Tanzpaar, die alte Diseuse, die Mitwirkenden einer Unterwäsche-Modenschau, sie alle machten mir ihren Auftritt zum Geburtstagsgeschenk. Das Mitternachtsgespräch fand auf dem immer noch feuchten Sitzmöbel statt. Als Dr. Alfred Biolek und ich Platz nahmen, sagte ich: »Dieses Sofa stammt aus den fünfziger Jahren, und ich habe es von zwei alten Damen geerbt.« Bio machte es sich gut gelaunt bequem: »Dann sitzen wir ja genau richtig hier.« Kichern auf den Rängen. Eine der ersten Fragen bezog sich auf meine Erfahrungen mit den Medien. Bio warnte mich: »Glauben Sie niemals, was die Zeitungen schreiben – die behaupten ja sogar, Kohl sei dick und Biolek schwul.« Oho-Rufe und Beifall im Saal. Ich spielte aufspringend Empörung: »Schwul? Was ist das denn? Kann man das essen?« »Ja! Das schmeckt sehr gut!« rief Bio. Alfred Biolek, ein Schelm im Grunde, bog sich – nasser Hosen ungeachtet – vor Lachen. Das Publikum johlte tiefes Einverständnis.

* * *

Die Welt drehte sich – mitten auf dem Rudolfplatz. Der Faber-Castell-Globus, mit seinen drei Metern Durchmesser eine der imposantesten Werbeanlagen im Zentrum Kölns, war zum markanten Fixpunkt geworden, ähnlich wie die 4711-Reklame auf dem Messeturm. Die Weltkugel auf dem eineinhalbgeschossigen Gebäude von Wilhelm Riphahn suchte ihresgleichen: der Corpus, eingerahmt von Neonkonturen, die gut erkennbaren Erdteile und die Glasschrift in Äquatorhöhe – vom Nordpol ragte der stilisierte Bleistift blattvergoldet meterhoch. In jeder Hinsicht ein leuchtendes Beispiel für den gestalterischen Ideenreichtum im Nachkriegsdeutschland. Lange schon spekulierte die Stadtsparkasse auf das Grundstück, um hier einen postmodernen Glasgiganten zu errichten. Die Besitzer weigerten sich über Jahre zu verkaufen. Dennoch ging es mit der Ecke bergab, die ehemals renommierten Geschäfte waren ausgezogen, nebenan hatte der Ramschladen einer Kaufhauskette eröffnet. Rund um den Globus, diesen Glanzpunkt von einst, hatte man eine Stellage mit dem Schriftzug »Fundgrube« angebracht. Statt großer Welt Wühltischambiente.

Als die Stadtsparkasse Grund und Boden erworben hatte, war es höchste Zeit, mich zu kümmern – erfolgreich: das Kreditinstitut überließ mir die Anlage, und der Stadtkonservator versprach, die Transportkosten zu übernehmen. Die Demontage, das wußte ich, würde nicht einfach werden. Immerhin fünf Drahtseile, arretiert an den Nachbarhäusern, hielten den Bleistift gegen Wind und Herbststürme aufrecht. Eins davon überspannte die Oberleitung der Straßenbahn. Die Kölner Verkehrsbetriebe mußten mit einem Turmwagen anrücken, um mit gebotener Vorsicht Kurzschlüsse zu verhindern. Beim ersten Versuch, die Kugel vom Dach zu heben, hatten bestußte Arbeiter die Kranwinde an der filigranen Spitze der mächtigen Konstruktion befestigt, es krachte, und der Stift war gebrochen. O Nein! Zu allem Überfluß war die Fundgruben-Reklame an die Globuskonstruktion geschweißt, als Fünfziger-Jahre-Kugel und Achtziger-Jahre-Flachblech Richtung Erdboden schwebten, unterband ein cholerischer Ausbruch des Fundgrubengeschäftsführers die Aktion. Noch einmal mußten Stadtkonservator, Kaufhausleitung und Sparkasse hektisch konferieren. Am nächsten Tag schließlich war es soweit. Allerdings schickte die Transportfirma statt des angeforderten Tiefladers einen Pritschenwagen – daß Kugeln sich rollend entfernen könnten, hatte sich offensichtlich noch nicht herumgesprochen. Immerhin, der Fahrer des unpassenden Vehikels ertrug meine Ausbrüche duldsam und zimmerte eilig aus herumliegendem Bauholz ein windiges Gestell. Zwar hielt seine Konstruktion nicht einmal scharfen Blicken stand, aber meine Nerven waren soweit runter, daß es mir fast egal war. Im Schrittempo rollten Wagen, Kugel, der Fahrer und ich durch die Stadt. Am Hotel Maritim wehrten sich Fahnen knatternd gegen heftigen Wind. Böse Ahnungen klopften an meine Nervenstränge. Auf der Rheinbrücke angelangt, sah ich in den Rückspiegel, erschrak beim Anblick der im Sturm tanzenden Weltkugel und ließ abbremsen. Die fadenscheinige Halterung hatte sich unter der Ruckelei längst in ihre Einzelteile zerlegt, unser Transportgut war zu einer Bedrohung für andere Verkehrsteilnehmer mutiert. »Göttings Weltkugel erschlägt Radfahrer« war genau die Schlagzeile, die mir noch fehlte. Ich sprang aus dem

Fahrerhaus, stemmte mich mit aller mir zur Verfügung stehenden Masse gegen das seitwärts flüchtende Erdenrund. Auf meinen Schultern die Last der Welt. Atlas von Köln – die Reihe der Fehlbesetzungen in meinem Leben riß und riß nicht ab.

* * *

In Köln ist die fünfte Jahreszeit immer ein Thema. Bei einer Kaffeerunde in der Wohnung von Maria Paffenholz – ihr Vater hatte, nebenbei bemerkt, in den zwanziger Jahren das Signet einer bekannten Sanitärfirma, den Vaillant-Hasen, entworfen – kamen wir zu dem Schluß, daß die Umzugswagen mit Pappmaché-Politikern und braven Witzchen nicht gerade Pepp in die tollen Tage bringen. Maria Paffenholz, ungeachtet ihres fortgeschrittenen Alters eine temperamentvolle Frau mit genau der richtigen Prise Pfeffer, sagte zu mir: »In diesem Jahr soll Kinema Kolonia das Motto des Zuges sein. Du kennst doch so viele Travestiekünstler, die Hollywood-Stars parodieren!« Bis in die tiefe Nacht saßen wir beieinander, schwelgten in Phantasien von Showtreppen, Boas und einer aufwendigen Dekoration. »Glitzer – Glimmer – Media« sollte unser Wagen heißen. Zehn Künstler, aufgetakelt bis zum Abwinken, könnten darauf Weltstars imitieren. Als wir zu später Stunde auseinandergingen, war alles beschlossene Sache.

Am nächsten Tag schon machte ich mich auf den Weg durch die Instanzen karnevalistischen Vergnügens. Es fing ganz harmlos an. Der Kunstmaler Josef Paffenholz, nicht verwandt mit Maria, der seit Jahren die Festwagen entwarf, fand Gefallen an der Idee. In ein paar Minuten zeichnete er auf dem Reißbrett einen Entwurf. Paffenholz gelang es, den Kölner Karnevalszugführer Freiherr von Chiari für die Idee einzunehmen. Und schließlich hatte sogar das oberste Narrengremium den Vorschlag passieren lassen. Ein absolutes Novum im »hillije Kölle«, im verknöcherten Kölner Karneval: ein ganzer Wagen voll aufgetakelter Schwestern! Doch Saddam Hussein und George Bush machten uns einen dikken Strich durch die Rechnung. Statt Glitzer – Glimmer – Media auf Kölns Straßen brennende Ölfelder auf Titelseiten und Bildschirmen – der Golfkrieg war ausgebrochen, jeckes Treiben mußte unterbleiben. Im nächsten Jahr schrieb der närrische Freiherr mir einen Brief, in dem er unter demselben Motto unsere Mitwirkung erbat. Schnell waren mein Cousin Gerd Müller als Alibimann »Omar Sharif« und ein halber Harem Fummeltrinen verpflichtet. Jede sollte – untermalt vom Erkennungslied ihres legendären Vorbilds, also Knefs »Rote Rosen« oder Leanders »Cabaret Paris« – glamourös die Showtreppe hinunterstöckeln. Die Choreographin und Sängerin Petra Nova und ich sollten die einzelnen Auftritte anmoderieren. Doch in der Befürchtung, wir könnten vereinshumorüberschreitend in unseren Conférencen bereits abgesegnete Texte variieren, legte man uns freundlich, aber sehr bestimmt, einen Aufnahmetermin im Tonstudio nahe. Erst mußten wir unsere Textentwürfe einreichen, nach der Genehmigung fanden wir uns zur Aufnahme ein, und anschließend gaben wir die fertigen Kassetten ab. Das umständliche Prozedere war nötig, weil die Oberjecken befürchteten, wir hätten ein paar Scherze ad hoc geändert. Zweimal baten die karnevalistischen Gremien uns zur Stellprobe in die Festwagen-Halle und attestierten schließlich gnädig Zumutbarkeit.

Morgens um sechs erklommen Petra Nova und ich in königsblauen Fräcken die Treppe. Die Zugmaschine ruckte an, mühevoll hielten sich unsere »Stars« schief auf Hackenschuhen und schlingerndem Gefährt. Schläfrig noch die Diven, halb ohnmächtig in selbstverbreiteten Puderwolken. Boas, falsche Wimpern, Haarteile und ausgestopfte Vorderseiten boten unter dem fahlen Februarhimmel in menschenleeren Straßen ein apokalyptisches Bild. Erst Stunden später begann der Rosenmontag, tauchten an den Straßenrändern Kölner und Touristen auf, um lückenlos in Besitz zu nehmen; bogen sich Tribünen. Die Lautsprecheranlage, die die Techniker auf dem Wagen installiert hatten, bot Watts und

Volts auf, blies rücksichtslos bunte Pappnasen aus farblosen Gesichtern. Wohl tausendmal bewegten wir unsere Lippen zu bandgespeicherten Texten, schritten Transen huldvoll über rote Samtstufen, imitierten den Gesang cineastischer Göttinnen. Vor uns der Wagen des Zugführers, dem freiherrlichen Feldstecher entging nichts. Sicher auch nicht der jubelnde Empfang an Kölns warmer Meile. Der scharf geschulte Blick der Buben entlarvte natürlich Hollywoods Diven sofort als einheimische Herrendamen. Die Jungs waren vollkommen außer sich.

* * *

Sie war ein Naturereignis. Als ich im März 1991 hörte, daß Trude Herr an ihrem letzten Fluchtpunkt in Südfrankreich gestorben war, hatte ich das Gefühl, die letzte Verkörperung der Mutter Colonia wäre für immer gegangen. Sie hatte in ihrem »Theater im Vringsveedel« (Theater im Severinsviertel) Köln auf die Bühne gebracht, so wie es war. Dort war die Mundart nicht fernsehgerecht frisiert, verlieh Trude Herr ihrer umwerfenden Komik existentielle, manchmal fast dämonische Züge. Sie ging nicht den Weg seichten Volkstheaters ewig gleicher Türenklappkomödien. »Das versoffene Leenchen«, ein Einakter, in dem eine Stadtstreicherin sich für einen Schnaps zu Tode tanzt, oder die Karnevalssatire »Auftakt zur Session« eröffneten dem Volkstheater neue Horizonte. Die Stücke, die sie sich auf den Leib schrieb, kreisten vor allem um ein Thema: Es ist sinnlos, sich um den Preis der Selbstverleugnung Konventionen zu beugen.

Ich kannte Trude Herr natürlich als Ulknudel aus den unzähligen Filmkomödien der fünfziger und sechziger Jahre, hatte schon in der Barberina-Bar von ihr gehört und später viele ihrer Inszenierungen im Trude-Herr-Theater gesehen. Erst dort erlebte ich, wie sie die Züge einer ernsthaften Charakterschauspielerin und einer leidenschaftlichen Komödiantin in sich vereinigte. Trude Herr war unbequem, mied den berühmt-berüchtigten Kölner Klüngel, hielt mit ihrer linken Gesinnung nicht hinterm Berg und machte aus ihrer

Distanz zu bürgerlich-verlogenen Moralvorstellungen nie ein Hehl – dafür nahm sie auch Mißerfolge in Kauf.

Ihr früher Tod erschien mir auch als Ausdruck tiefgehender Resignation. Sie konnte wohl einfach nicht mehr. Sie hatte Köln, ihrer Stadt, ein Theater geschenkt, hatte die Mundart, die Lebens- und Denkungsart der Kölner aufgenommen und in eine künstlerische Form gebracht. Sie rakkerte wie ein Pferd, schrieb Stücke, führte Regie, spielte die Hauptrollen, nähte Kostüme, und man erzählte sich, sie habe sogar den Putzeimer in die Hand genommen. Sie erntete Anerkennung, gewiß, aber in den schlechten Zeiten, die sie erleben mußte, fühlte sie sich vermutlich verlassen, niemand stützte sie, man sonnte sich in ihrem Glanz, ließ sie aber in finanziellen Miseren allein. Ihr mehrmaliger Abschied von Köln in den späten achtziger Jahren war wohl auch ein Wink: Haltet mich doch, helft mir. Ihr Lied »Niemals geht man so ganz« bringt das zwischen den Zeilen am besten zum Ausdruck – es ging und geht unter die Haut.

Ich nahm mir vor, dieser Frau die letzte Ehre zu erweisen. Viele, viele Menschen säumten ihren letzten Weg – von den Künstlern, die heute Trude-Herr-Hommagen veranstalten, sah ich bedauerlicherweise nur wenige.

Als ein Stück Kölner Geschichte habe ich fünf ihrer Kleider für meine Sammlung retten können. Trude Herrs Schwester Aggi überließ mir Unterlagen und Fotos sowie ein Kostüm aus Trude Herrs Anfangszeiten, als sie in den Varieté-Revuen des Kaiserhof aufgetreten war. Immer wenn ich es in meinem Lager sehe, kommen mir die Bilder von der frühen Ulknudel und späteren Volkstheater-Tragödin in den Sinn. So geht es mir mit vielen Objekten: Zwischen vollgestopften Kisten, Kleiderständern, Lampen, Sesseln und Reklamen lasse ich die Gegenwart hinter mir. Beim Ordnen und Sichten spüre ich fast einen emotionalen Kontakt, als würde ich alte Bekannte treffen und mich mit ihnen erinnern.

Ich memoriere die Geschichte des Objektes, an dem ich gerade arbeite: das Lebensmittelgeschäft von 1948, die Regale, die alte Registrierkasse, die Pakete mit Lindes Malzkaffee, der Tresen. Da bediente einst der alte Herr Galen, ich kaufte dort, weil ich den etwas altbackenen Charme in diesem Gemischtwarenladen liebte. Ich höre wieder die Stimme des Kaufmanns, habe den Duft von Seife, Kaffee und Käse in der Nase.

Die meisten meiner Objekte entdeckte ich, als sie noch in Gebrauch waren. Deshalb wünsche ich mir auch, diese Alltagskultur, so lebendig wie ich sie noch aus eigener Anschauung kenne, der Öffentlichkeit zu präsentieren und vorzustellen.

* * *

Irritation am anderen Ende der Telefonleitung: Hermann, du bist jetzt fast sechzig Jahre alt. Lachen dich die jungen Leute nicht aus, wenn du in die Disko gehst? Meine Mutter konnte sich nicht so recht vorstellen, daß ein junger Mann aus Haiger mich in einer Kölner Diskothek erkannt haben wollte. »Nein, Mutti, noch lache ich über die anderen. Die bewegen sich stumpfsinnig im Takt, stampfen schweren Schrittes auf der Stelle und machen, weil cool zu sein gerade in ist, ein freudlos-verbiestertes Gesicht.« Sie wußte, was ich meine. Früher, wenn sie mich in Köln besuchte, wunderten sich meine Gäste, wenn die damals schon knapp Sechzigjährige zu Titeln wie »Sexmachine« eine rasante Sohle aufs Parkett legte. Als ich ihr einmal mit einer brandneuen Scheibe von Stevie Wonder eine Freude machen wollte, sagte sie nur kurz: »Die hab ich schon.« Inzwischen über siebzig, ist sie die wohl treueste MTV-Zuschauerin des ganzen Dillkreises. Ausdruckstanz findet bei ihr allerdings nur noch in der Küche statt, die Damen und Herren des Seniorenkreises hätten wohl auch wenig Verständnis.

Ihre Liebe zum Tanz habe ich geerbt. Natürlich muß ich in den Diskotheken etwas warten, bis der Diskjockey sich traut, zwischen dem heillosen Techno-Lärm auch mal einen Soul-Titel zu spielen, aber wenn es dann soweit ist, lege ich los. Ich tanze alles aus mir heraus – Trauer, Ärger, Schmerz –

und empfinde Glück und Befreiung: große Bewegungen und phantasievolle Figuren! Tanzen ist schließlich ein Ausdruck der Freude.

Ganz Krefeld lag unter einem rosa Schleier. In wenigen Stunden sollte die groß angekündigte Wahl des Mr.-Gay-Germany in der Diskothek Königsburg über die Bühne gehen. Ich hatte mich breitschlagen lassen, die Conférence des Abends zu übernehmen. Auf den Plakaten zeigte Marianne Rosenberg ihr geheimnisvollstes Lächeln. Die Buben sind ja ganz verrückt nach der kleinen Berlinerin – keiner weiß, warum, aber es ist so. Man muß die Ikonen meiner Jugend nicht mögen, aber selbst die Leander, die Dietrich sowieso und sogar die Valente hatten wenigstens Ausstrahlung. Die Rosenberg hatte sich dafür schon zwanzig Minuten nach Probenbeginn mit jedem Tontechniker, Beleuchter und sogar der Garderobiere gezankt. In der Mitte der Königsburg, laut Eigenwerbung die größte Diskothek Deutschlands, erhob sich eine strahlend weiße Showtreppe, die Scarlett O'Hara alle Ehre gemacht hätte. Links und rechts davon Tausende von Baccara-Rosen, eine eigens installierte Sprühanlage befeuchtete alle paar Minuten die üppige Pracht. Während mir bei der Wahl zum schönsten Homo der Republik die Rolle des Bodenpersonals zugewiesen war, sollte dem Highlight des Abends der glamouröse Auftritt über das Treppenungetüm vorbehalten sein. Doch falsch gedacht. Als Marianne Rosenberg bemerkte, daß die Handwerker jede Stufe verschieden hoch gezimmert hatten und die weiße Lackfolie, berieselt im Fünfminutentakt, jeden einfachen Schritt zum lebensgefährlichen Drahtseilakt werden ließ, beschied sie einsilbig: Nein. Der Abendregisseur tobte. Es half nichts. Der Abendregisseur tobte weiter:

»Dann muß der Götting eben da runter.« Ich glaubte an einen schlechten Scherz – und täuschte mich. Während die Rosenberg, ihre Mutter, ihr Kind und ihr Lebensgefährte sich in der Garderobe an Champagnertrüffeln und Veuve Clicquot gütlich taten, plagte ich mich auf der weißen Treppe ab, um die Eröffnung meines Auftrittes, das erste Lied, nicht vollkommen zu vermasseln. Ich erinnerte mich an meine Freundin, die Revuetänzerin Marion Gabriele Stauf. Sie hatte mir einmal gesagt: »Hermann, wenn du eine Bühnentreppe hinabgehst, guck um Gottes Willen nie auf die Stufen, sonst ist das ganze Bild im Eimer!« Bei jedem Schritt, so erzählte sie mir, muß man mit dem Hacken Halt an der Stufe suchen. Es klappte ganz gut, nur deren unterschiedliche Höhe irritierte mich außerordentlich. Dieses Gefühl, ins Leere zu treten, drehte mir den Magen um. Vor ungefähr viertausend Jungs aus der ganzen Republik – Rosen, Lackfolie und Mikro mit in den Abgrund reißend – auf den Allerwertesten zu segeln wäre das Ende. »Vom Winde verweht« die letzte Hoffnung, andernfalls die Emigration unumgänglich.

Ich versuchte mich zu beruhigen: Selbst wenn alles schiefgeht, werden sie dich als lästiges Übel hinnehmen, nach dir kommt die Rosenberg – und die ist schließlich die letzte noch lebende Homo-Göttin! Unterdessen verwandelte sich die Königsburg in einen Hexenkessel. Die riesige Halle – hoffnungslos überfüllt. Ohnmächtigen blieb die Chance auf einen wirkungsvollen Sturz versagt. Umfallen, ein Ding der Unmöglichkeit. Die Totentanzrhythmen der Techno-Musik ließen selbst in den Garderoben die Spiegel vibrieren. Die Jungs, die sich zum Schönsten des Landes küren lassen wollten, bekamen Angst vor ihrer Courage, zitterten vor Aufregung wie Espenlaub und versuchten sich mitleiderregend zu betrinken. Die dürftig bekleideten Damen und Herren des Balletts huschten hektisch über Gänge. Aus der Rosenberg-Garderobe hörte man die vermeintliche Diva ihren Gefährten anbrüllen, Hairstylisten und Visagisten machten sich betroffen an ihre Arbeit. Nervenschonung, der ich dringend bedurft hätte, blieb frommer Wunsch. Ich setzte mir vor dem Spiegel meinen viereckigen Hut auf. Das Outfit – mein Commedia dell'arte- Kostüm – stimmte soweit, eine Tarnkappe wäre mir dennoch lieber gewesen. Mein Hund Nicki sah mich fragend an: Was haben wir hier verloren? Da erschien der Abendregisseur im rhythmusgeschüttelten Türrahmen, nackte Panik dürftig verbergend, und lächelte schief: »Hermann, du mußt auf die Bühne. Bist du gut drauf?« – »Mir geht's blendend!« Freilich verblieb mir nicht mehr die Zeit, mir diesen Satz so lange einzureden, bis ich ihn hätte glauben können. Im Halbdunkel balancierte ich die klapprige Stellage bis auf schwindelnde Showtreppenhöhe hinauf. Dort angekommen, versuchte ich mir fortwährend den Text des Liedes nicht ins Gedächtnis zu rufen – man kommt viel besser durch, wenn man sich auf sein Erinnerungsvermögen verläßt. Es gelang mir nicht.

Die Techno-Musik verstummte. Überlaut die Ansage: Und nun für Sie, aus Köln – Hermann Götting! Das war mein Stichwort. Der alles entscheidende Schritt nach vorn, gleißendes Scheinwerferlicht, ich schlug meinen Fächer auf – und es geschah nichts. Nichts. Viertausend Augenpaare, unsichtbar hinter brennendem Lichtweiß, wurden unfreiwillig Zeugen einer Hinrichtung. Alle Sünden abgegolten in erbarmungslosen Sekunden. Kein Loch tat sich auf. Ich wollte Ohnmacht, wünschte Koma – und konnte nicht. Alle Zähne fielen mir einzeln aus. Nach stundenlangen Sekunden sagte ich in die geräuschvolle Stille: »Herr Kapellmeister, sind Sie eingeschlafen?« Das Publikum lachte; vorläufige Begnadigung. Der Volltrottel an den Reglern begriff, daß er nach der letzten Probe vergessen hatte, mein Musikband zurückzuspulen, und fummelte hektisch an den Knöpfen. Das dauerte. Mein Auftritt war natürlich im Eimer, ausgeliefert an einen Techniker, den nie ein Lichtstrahl traf, lächelte ich. Bis es weh tat. Dann Musik. Singen, Strahlen, Kopf hoch, Mikro am Mund behalten, Stufen ertasten, Fächer huldvoll wedeln – die erste Strophe war überstanden, Zwischenspiel. Da drohten Unterleibsdepressionen –

Sätze verschollen, Text vergessen. Was hätte ich darum gegeben, in dunkler Werkstatt Fahrkartenautomaten der KVB zu reparieren. Wortfetzen flogen mir durch den Kopf, ich griff nach dem erstbesten und sang strophenverwechselnd Unsinn. Immer hatte ich mir gewünscht, eine solche Treppe hinunterzugehen. So hatte ich es mir nicht vorgestellt. Am Ende hörte ich Beifall. Höflichkeitsapplaus nennt man das wohl.

Um kesse Sprüche für die Präsentation der jungen Männer, die sich in immer dürftiger ausfallenden Garderoben dem Publikum auslieferten, war ich glücklicherweise nicht verlegen. Dennoch sehnte ich den Augenblick herbei, in dem ich das Bühnenschafott verlassen konnte. Frank und frei kündigte ich den Superstar des Abends an – und sah an der Seite den hektisch winkenden Abendregisseur. Ich plauderte noch ein wenig, bei jedem Blick Richtung Ausgang winkten sie mich zurück. Für den Notfall hatte ich noch Kassetten in der Technik deponiert. Ich sang »In der Bar zum Krokodil«. Ein langes Stück. Und mußte vorn bleiben. Wo blieb die Rosenberg? Ich sang im Gedenken an Trude Herr eines ihrer Lieder. Und durfte nicht abtreten. Ich erzählte Anekdoten aus meiner Bundeswehrzeit. Was sollte ich machen? Die Zeiten hatten sich schließlich geändert seit dem Madame Arthur. Ich wußte, mit Geschichten von der Leander oder der Rökk bist du geliefert. Früher wollten die Knaben weiblicher sein als die Frauen und heute männlicher als die Männer. Statt Feingeist und Sehnsucht – Leder und Skin-Frisuren; statt Zärtlichkeiten – brutale Sexpraktiken. Nur bei der Rosenberg vergessen sie die Mackerattitüden. Nach dem Nonsens-Satz: »Ich bin von Schlachtfeld zu Schlachtfeld geeilt und habe kleine Erfrischungen gereicht!« endlich das erlösende Zeichen. Die Rosenberg betrat die Bühne, aufgetakelt mit einem weißen Brautkleid, atemberaubenden High-Heels und umweht von weißen Schleiern. Die Buben schrien und tobten, daß mir angst und bange wurde. Jetzt erfuhr ich: Sie hatte fortwährend über das Make-up des Visagisten genörgelt, sich mit dem Hairstylisten über die Frisur herumgestritten, während ich auf der Bühne verhungerte. Nun präsentierte sie Lippenakrobatik – Vollplayback. In einem Seitenwinkel, unbeachtet, bemerkte ich, daß der verwirrte Techniker mein Mikro noch nicht ausgestellt hatte. Ich sah die Stunde meiner Rache nahen. »Ich bin wie du-u-u« brüllte ich mit. Das völlig aus dem Häuschen geratene Publikum bemerkte erst nach einer Weile, daß der Star nicht live sang. Nach ihrem Auftritt verweilte die von Tobsuchtsanfällen geschüttelte Rosenberg nur noch kurz in ihrer Garderobe.

* * *

Was Nikita Chruschtschow, Indira Gandhi, Leonid Breschnew, Fidel Castro und Walter Ulbricht für ihre Staatsbesuche angemessen erschien, war Frau MA und mir gerade gut genug – für einen Nachmittagsausflug. Bei einer Auto-Veteranen-Ausstellung auf den Rheinterrassen hatte es mir ein Wagen realsozialistischer Provenienz mit dem beziehungsreichen Namen »Tschaika« (russisch: Taube) besonders angetan. Bevor die Automobile die Jury passierten, bat mich der Fahrer des sowjetischen Paradewagens im Fond einzusteigen, vielleicht könnte mein flatterndes Gewand bei den Punktrichtern Eindruck machen. Ich stieg beherzt zu. Ein gutes Gefühl, im schwarz-chromblitzenden Gefährt dem Publikum zuzuwinken. Der Fahrer war einverstanden, als ich ihm eine gemeinsame Spritztour für den nächsten Tag vorschlug. Wieder zu Hause, rief ich Frau MA an – ich mußte sie nicht überreden. Ich suchte meinen größten Hut heraus, streifte mein schwarzes Mantelkleid über und legte mir Kette und Armband aus weißen Plastikschwänen um. Frau MA erwartete uns schon in vollem Ornat vor der Haustür. Zwei schwebende Königinnen mitten im Kölner Nachmittagsverkehr. Zwei großen Vedetten, zwei übermütige Frufru-Stars – einen Nachmittag lang Victoria, Prinz Philip, Königin Silvia und letzter deutscher Kaiser auf einmal sein. Irritierte Passanten stießen sich verwirrt an Straßenschildern Kopfbeulen. Frau MA winkte huldvoll wie Queen Mum (man erinnere sich an das Geheimnis der greisen Windsor-Fregatte: eine Handbewegung, als schraube man eine große Keksdose auf!), öffnete ihren Fächer und strahlte, wir grüßten – nur für einen Tag – die Mitbürger als Untertanen. Und die hob es schier aus den Schuhen. Gerade, als wir einen Supermarkt passierten, fiel mir siedendheiß ein, daß ich noch Katzenstreu für meine Tiere benötigte. Also ließ ich halten und entschwand zwischen Discounter-Regalen. Frau MA erschien die Unterbrechung nicht ganz standesgemäß, sie wirkte etwas verloren im parkenden Prachtwagen, und ihre Mundwinkel hatten sich um einen guten Zentimeter gesenkt, als ich katzenstreubepackt wieder einstieg. Ein großartiger Schabernack – und ich bitte Sie: Sind Sie schon mal im Paradewagen einkaufen gewesen?

Die *riesige Werbeanlage von* Bosch war auf großen Porzellanplatten an der Fassade des Concordia-Hauses installiert: Bosch im Auto, Bosch im Betrieb, Bosch im Haushalt, darunter eine Uhr – allein der Zeitmesser wog mehr als eine Tonne. Auf allen historischen Nachkriegsfotos dieser Ansicht des Rudolfplatzes leuchtet unübersehbar: Bosch. Als die Umbauarbeiten am Haus begannen, nahm ich Verhandlungen mit dem Architekten, der Hausverwaltung und mit der Demontagefirma auf, fotografierte die Anlage und maß sie von den Fenstern des Bürohauses aus, um mir so ein Bild von den notwendigen Lagerkapazitäten zu machen. Doch immer wenn ich zum Telefonhörer griff oder die Arbeiter auf der Baustelle ansprach, konnte mir niemand Näheres über den Abbautermin sagen. Eines Morgens machte ich mich wieder auf den Weg. Schon von weitem gewahrte ich die Uhr auf dem Asphalt, das Neonglas zerstört, die Stahlkonturen verzogen, gesplittert, unrettbar verloren. Man hatte sie offensichtlich aus nicht unbeträchtlicher Höhe vom Kran fallen lassen. Ich spähte nach oben, die Neonkonturen der Bosch-Schriftzüge – verschwunden. Verzweifelt lief ich auf der Baustelle herum, erfuhr schließlich, daß der Ablauf der Bauarbeiten sich geändert hatte, Firmen, die nichts von meinem Anliegen wußten, eingesprungen waren und plötzlich alles ganz schnell gehen mußte. Zu schnell, um mich zu benachrichtigen – was schließlich war die Arbeit eines privaten Stadtkonservators gegen den Terminplan der Bauleitung? Konsterniert stellte ich fest, daß die Arbeiter die einzelnen

Bosch-Neonteile beiseite geschafft hatten, und zwar für ihre Partykeller-Ausleuchtung. Die Uhr war hin, die kläglichen Reste der unvergeßlichen Reklameleuchtschrift zerstört oder fest in proletarischer Hand, das Stahlgestell zersägt. Da war nichts mehr zu machen. Alle Vorabsprachen hatte ich umsonst getroffen, meine tagelangen Telefonate, das Bitten und Betteln, alles vergebens. Ich fühlte mich machtlos, gepeinigt von Schuld- und Ohnmachtsgefühlen ging ich nach Hause. Wenn ich ein Objekt nicht retten konnte und es für immer von der Bildfläche verschwand, machte ich mir bittere Vorwürfe. Das Coca-Cola-Barometer in unmittelbarer Nachbarschaft bescherte mir einen ähnlichen Mißerfolg. In weiser Voraussicht hatte ich dem Hausmeister meine Telefonnummer gegeben; für den Fall, daß diese Anlage entfernt werden würde, bat ich um einen Anruf. Plötzlich war sie über Nacht fort. Diese Anlagen sind Handarbeit, Gürtler und Glasbieger, Graphiker und Designer haben viel Mühe darauf verwandt. Die Zeugnisse ihres Schaffens prägten jahrelang das Stadtbild, Hunderttausende von Kölnern sind dort vorbeigegangen und haben sich daran orientiert. Anstatt sich zu freuen, daß jemand diese Alltagskultur retten wollte, hielt man es noch nicht einmal für nötig, ein einziges Mal den Telefonhörer zur Hand zu nehmen.

* * *

Der Herr lächelte jovial: »Herr Götting, das Haus der Geschichte in Bonn würde gern Ihre Sammlung kaufen, was sagen Sie dazu?« Dabei blickte er mich an, als würde er mir etwas Schönes schenken. Meine Antwort fiel kurz aus: »Nein!« Nun hielt er sein Museumsdirektorlächeln nur noch mühsam: »Aber warum denn nicht?« Ich mußte etwas ausholen: »Die meisten meiner Objekte wurden mir von Kölner Bürgern anvertraut, viele sogar geschenkt. Jetzt kann ich mir doch unmöglich Geld dafür bezahlen lassen. Außerdem tragen viele meiner Exponate den Namen dieser Stadt – ich denke nur an die Reklamen: Köln-Bonner-Eisenbahn, Kölner Malkasten, Groß-Köln-Lichtspiele, Royal-Theater-Köln.

Diese Dinge habe ich für die Stadt Köln gesammelt, und die Geber erwarten mit Recht, daß diese Objekte hier gezeigt werden. Sie stammen aus Köln, sie gehören nach Köln und sollen in einem Museum ihren Platz finden.« Man gibt doch seine Kinder nicht einfach weg, dachte ich bitter. Der Mund meines Gegenüber verdünnte sich zu einem schmalen Strich: »Ein Museum Götting wird es in Köln nicht geben, dafür werde ich sorgen.« Ich mißtraute meinen Ohren. »Können Sie das bitte wiederholen?« Er wiederholte. Nach diesem Gespräch mit einem der einflußreichsten Männer der Kölner Museumslandschaft fühlte ich mich wie betäubt. Natürlich hatte ich schon mehr als einmal erleben müssen, daß einige meiner Ausstellungskonzepte verworfen wurden, was niemanden davon abhielt, sie bei späteren Expositionen, an denen ich nicht beteiligt war, eifrig auszuweiden. Natürlich hatte ich seit langem den Eindruck, daß die Herren Historiker ihre liebe Not mit mir hatten, auch wenn meine Sammlung in keiner Konkurrenz zu ihrer Arbeit stand. Und ich habe auch nie verlangt, daß ein Haus nach mir benannt wird. Aber daß Museumsleute allen Ernstes daran interessiert waren, die historischen Zeugnisse Kölns aus ihrem Wirkungskreis zu entfernen, das hatte ich nicht geahnt. Keiner, so muß ich Neid und Mißgunst interpretieren, wollte sich von einem Autodidakten die Show stehlen lassen. Kleines Karo fürwahr, doch soll man sich davon das Leben versauern lassen?

Hätte ich damals verkauft, wäre ich alle meine finanziellen Sorgen mit einem Schlag losgewesen. Ein armer reicher Mann – mit vollem Portemonnaie und leerem Herzen. Eine ausgebrannte Seele, korrumpiert, untreu geworden ihrer Verantwortung.

Ich habe meine Entscheidung nicht bereut. Denn es ging weiter bergauf, langsam, aber stetig. Mehrere Talkshows luden mich ein, das Kölner Stadtmuseum fragte an, ob ich einige Inszenierungen für die Ausstellung »Das neue Köln« im Frühjahr 1995 übernehmen wollte. Im Sommer schließlich hatte ich schon Mühe, die Aufgaben, denen ich mich stellen wollte, zu erfüllen: eine Schau in den Rheinterrassen, eine weitere im ACC-Kulturzentrum an der Agrippinawerft und die Vorarbeiten für eine Exposition über das Design der sechziger und siebziger Jahre mit dem Titel »Space Design«, die 1996 im Kölnischen Kunstverein gezeigt werden soll. Mit dem Museum für angewandte Kunst in Gera bereite ich außerdem eine Ausstellung mit meinen über einhundert Schaufensterfiguren vor – sie wird die Entwicklung der stummen Mannequins vom Ende des 19. Jahrhunderts bis in die siebziger Jahre belegen.

Gerade habe ich einen komplett erhaltenen Strumpfladen in Kirschbaum aus den fünfziger Jahren gerettet, eine weitere Leuchtreklame (Die fünf Möbelbrüder) ist nach aufwendiger Demontage unversehrt in meinem Lager verstaut, und auch einen Frsieursalon habe ich sichern können. Es gibt viel zu tun, und wenn ich auch manchmal nicht weiß, wo mir der Kopf steht, habe ich Freude daran weiterzuarbeiten.

Meine Sammlung umfaßt mittlerweile mehr als zehntausend Objekte aus den letzten acht Jahrzehnten: zwanzig Ladeneinrichtungen; vierzig Handwerksbetriebe mit den komplett erhaltenen Werkstätten; einhundertundsechzig Leuchtreklamen; Tonnen von Stoffen; dazu Hunderte von Vasen, Stühlen, Schränken, Vitrinen und Kleidungsstücken. Inzwischen könnte ich mehr als ein Dutzend Ausstellungsprojekte über die Entwicklung der Kultur im 20. Jahrhundert realisieren, ich will nur einige nennen: die Kultur des Waschens; Beleuchtungskörper in Wohnungen und repräsentativen Gebäuden; Verkaufsräume im Wandel der Zeiten; die Kultur des Einkochens; Matratzen und Polsterherstellung; das Handwerk; Kommunikationsdesign – Werbung vom Plakat bis zur Neon-Anlage; Wohnraumgestaltung – Tapeten, Stoffe und Möbel; Bekleidung – vom Jugendstil bis zu Yves-Saint-Laurent; die Kleinkunst im Wandel.

Bis jetzt kann ich nur sporadisch als Ausstellungsgestalter Einblicke in meine Sammlung gewähren. Dabei wünsche ich mir, die Objekte, die ich zusammengetragen habe, dauerhaft der Öffentlichkeit zu präsentieren. Ein Museum über die Entwicklung der Alltagskultur. Nicht als Monument für den Sammler Hermann Götting – Denkmäler können schließlich in die Hose gehen, wie die jüngst enthüllte, vollkommen verhauene Adenauer-Skulptur in Köln traurig unter Beweis stellt. Da bin ich lieber mein eigenes Denkmal – die Figur dazu hab ich.

Noch konnte ich mir den Wunsch, mit meiner Sammlung ein Museum zu gestalten, nicht erfüllen. Aber das grämt mich nicht. Ich habe so viele hochinteressante Menschen kennenlernen, absurde Situationen und komische Geschichten erleben, so viele Kulturgüter retten dürfen, daß ich mich gern erinnere. Wenn ich mir überlege, auf wie vielen Gerüsten, Kellern und Speichern ich schon herumgekrochen bin, wie oft ich verängstigt auf Lastwagen, Tiefladern und Sattelschleppern neben einem gerade geretteten Objekt gesessen habe. Die bangen Stunden und die Momente des Erfolges haben meinem Leben einen Inhalt gegeben. Und noch immer habe ich die Ermutigung der ehemaligen Generaldirektorin der Kölner Museen, Hiltrud Kier, im Ohr: »Herr Götting, seien Sie geduldig, die Zeit arbeitet für Sie. Sie sind doch noch jung.«

Die Frau hat recht, oder?

Autor und Verlag danken der R. J. Reynolds Tobacco GmbH für ihre Unterstützung bei der Realisierung des vorliegenden Buches.

Es geht auch anders

Charlotte von Mahlsdorf
Ich bin meine eigene Frau
Ein Leben
Herausgegeben von Peter Süß
Fotoessay von Burkhard Peter
ISBN 3 86034 109 X

Charlotte von Mahlsdorf
Ab durch die Mitte
Ein Spaziergang durch Berlin
In Zusammenarbeit mit Peter Süß
Fotografien von Burkhard Peter
ISBN 3 86034 133 2

Und Gad ging zu David
Die Erinnerungen des Gad Beck. 1923 bis 1945
Herausgegeben von Frank Heibert
ISBN 3 86034 313 0

Petra Dorén
Vom Fresko zum Straps
Ein Leben
Aufgezeichnet von Michael Meissner
ISBN 3 86034 132 4

Knut Koch
Barfuß als Prinz
Zwei Leben
ISBN 3 86034 120 0

Edition diá

Der Text *Ankündigung einer Chansonette* von Erich Kästner (© Erich Kästner Erben, München) wurde dem Band *Gesammelte Schriften für Erwachsene*, Atrium Verlag, Zürich 1959, entnommen.

Erste Auflage September 1995
Originalausgabe

Lektorat: Peter Süß, Berlin
Gestaltung und Satz: Rainer Zenz, Berlin
Umschlag unter Verwendung einer Fotografie von Burkhard Peter (Vorderseite) und Eduard Noack (Rückseite: Fernsehtruhe *Kuba Imperial Komet*)
Fotografien: Horst Galuschka, Köln (Bildseite 13)
Eduard Noack, Köln (Bildseite 2),
Burkhard Peter, Berlin (Bildseiten 4, 12 und 14),
Lothar Schnepf, Köln (Bildseiten 6, 9 und 11)
und Privatbesitz (übrige Seiten)
Herstellung: Ebner Ulm
ISBN 3 86034 143 X

Bitte fordern Sie unser Gesamtverzeichnis an:
Edition diá, Elbestraße 28/29, D-12045 Berlin